CJELOVITA KUHARICA PUPULJCI I CVJETOVI

100 ukusnih i lijepih recepata za jestivo cvijeće

Barbara Marić

Materijal autorskih prava ©2024

Sva prava pridržana

Nijedan dio ove knjige ne smije se koristiti ili prenositi u bilo kojem obliku ili na bilo koji način bez odgovarajućeg pisanog pristanka izdavača i vlasnika autorskih prava, osim kratkih citata korištenih u recenziji. Ovu knjigu ne treba smatrati zamjenom za medicinske, pravne ili druge stručne savjete.

SADRŽAJ _

SADRŽAJ _ 3
UVOD 7
DORUČAK I RUNK 9
   1. OMLET OD CVJETOVA TIKVICA 10
   2. JAJA PUNJENA NASTURTIUMIMA 12
   3. ZAPEČENI OMLET OD VLASCA OD PLAVOG CVIJETA 14
   4. PALAČINKE OD MARELICE I LAVANDE 16
   5. JAJA S CVJETOVIMA VLASCA 19
   6. GRANOLA S JESTIVIM CVIJEĆEM 21
   7. KREMASTA KAJGANA S JESTIVIM CVJETOVIMA 23
   8. PALAČINKE S MAĆUHICAMA 25
   9. CVIJET MOĆ BRAZILSKA ZDJELA ZA AÇAÍ 27
   10. DORUČAK SLATKI KRUMPIR S ČAJEM OD HIBISKUSA I JOGURTOM 29
   11. ZDJELA ZA SMOOTHIE OD MANGA 32
GLICASE I PREDJELA 34
   12. JESTIVI SENDVIČI S CVJETNIM ČAJEM 35
   13. PUNJENE NASTURCIJUME 37
   14. SALATA ZA PREDJELO OD NASTURTIUM RAČIĆA 39
   15. POPEČCI OD CVIJETA MASLAČKA 41
   16. POPEČCI OD KUKURUZA I NEVENA 43
   17. JESTIVE CVJETNE PROLJETNE ROLICE 45
   18. POPEČCI OD BAGREMOVOG CVIJETA 47
   19. KOZJI SIR SA JESTIVIM CVJETOVIMA 49
GLAVNO JELO 51
   20. ADOBO GOVEĐA SALATA SA SALSOM OD HIBISKUSA 52
   21. RAVIOLI OD MIJEŠANOG CVIJEĆA I SIRA 55
   22. LAZANJE OD MASLAČKA 57
   23. JANJETINA I PORTULAK SA SLANUTKOM 60
   24. RIBA PEČENA U FOLIJI S MEKSIČKIM NEVENOM 63
   25. LEPTIRI S POVRĆEM I LAVANDOM 65

26. TJESTENINA OD KOPRIVE S VEGANSKIM PARMEZANOM 67
27. ZIMNICA I NJOKI 69

JUHE 71

28. JUHA OD LISTOVA BORAŽINE I PŠENIČNE TRAVE 72
29. JUHA OD CVJETOVA TIKVE 74
30. CHERVIL NASTURTIUM JUHA 76
31. ZDJELA S AZIJSKIM KRIZANTEMAMA 78
32. JUHA OD CRNOG GRAHA I CVIJET VLASCA S 80
33. NASTURTIUM JUHA OD ZELENE SALATE 83
34. JUHA OD KOMORAČA S JESTIVIM CVIJEĆEM 85
35. JUHA OD ZELENOG GRAŠKA S CVJETOVIMA VLASCA 87
36. VICHYSSOISE S CVJETOVIMA BORAŽINE 89

SALATE 91

37. DUGA SALATA 92
38. MIKROZELENJE I SALATA OD SNJEŽNOG GRAŠKA 94
39. SALATA OD NASTURTIUMA I GROŽĐA 96
40. LJETNA SALATA S TOFUOM I JESTIVIM CVIJEĆEM 98
41. OD KRUMPIRA I NASTURTIUMA 100
42. SALATA OD MASLAČKA I CHORIZA 102
43. BORAŽINA I KRASTAVCI U PRELJEVU OD KISELOG VRHNJA 104
44. CRVENI KUPUS S KRIZANTEMOM S 106
45. SALATA OD ŠPAROGA 108
46. SALATA OD MAĆUHICA 110
47. ZELENA SALATA SA JESTIVIM CVIJEĆEM 112

ZAČINI I UKRASI 114

48. PESTO OD NASTURCIJA 115
49. DŽEM OD LAVANDE OD JAGODA 117
50. SIRUP OD ORLOVIH NOKTIJU 119
51. LJUBIČICA MED 121
52. CVJETNI UKRAS ZA SIR 123
53. UŠEĆERENE LJUBIČICE 125
54. PEČENA KRIZANTEMA LUK 127
55. UŠEĆERENE LATICE RUŽE 129
56. MED S DODATKOM CVIJETA JORGOVANA 131

57. Umak od šipka i ribiza 133

PIĆA 135

58. Zdjela za smoothie od Matcha i nasturcija 136
59. Voda od borovnice i lavande 138
60. Zdjela za smoothie od breskve 140
61. Kefir od slatkog mlijeka od lavande 142
62. Ljekoviti čaj od orlovih noktiju 144
63. Čaj od krizanteme i bazge 146
64. Čaj od kamilice i komorača 148
65. Čaj od maslačka i čička 150
66. Čaj od stolisnika i nevena 152
67. Čaj od kapice i cvijeta naranče 154
68. Čaj za prehladu od cvjetova nevena 156
69. Cvijeće podbjela čaj 158
70. Zeleni čaj od šipka 160
71. Echinacea čaj za jačanje imuniteta 162
72. Tonički čaj od cvjetova crvene djeteline 164
73. Ružičasti crni čaj 166
74. Ljekoviti čaj od orlovih noktiju 168
75. Cvijet Tisane 170
76. Čaj od krizantema s gojijem 172
77. Čaj od cvijeta maslačka 174
78. Leptirov grašak Cvijet Čaj s mlijekom 176
79. Kavu s mlijekom čaj od cvijeta hibiskusa 178
80. Korijen alerijane Čaj za super opuštanje 180
81. Gospina trava Čaj za smirenje 182
82. Čaj za pomlađivanje 184
83. Čaj protiv prehlade i promuklosti 186
84. Biljni čaj od cvijeta lipe 188
85. Potpourri čaj 190
86. Čaj od crvene djeteline 192
87. Vino od ruže i lavande 194

DESERT 196

88. Borovnica Lavanda Brusnica Hrskav 197
89. Džem od rabarbare, ruže i jagoda 199

90. Kolačići s narančom i nevenom 201
91. Parfe od jogurta s mikrozelenjem 203
92. Minijaturne štruce cvijeta mrkve 205
93. Kolačići od anisa i izopa 207
94. Pita od maćuhica od limuna 209
95. Kolačići od kamilice 212
96. Sorbet od jagoda i kamilice 214
97. Carnation Marshmallow Fudge 216
98. Ljubičasti sladoled 218
99. Sufle od ljubičice 220
100. Jagoda, mango i ruža Pavlova 222

ZAKLJUČAK 225

UVOD

Krenite na kulinarsko putovanje na kojem središnje mjesto zauzima živahni svijet pupoljaka i cvjetova. "Cjelovita Kuharica Pupuljci I Cvjetovi" poziva vas da istražite carstvo jestivog cvijeća, gdje se okus susreće s estetikom u skladnom slavlju blagodati prirode. Ova kolekcija od 100 ukusnih i lijepih recepata uzdiže cvjetne okuse od pukih ukrasa do središnje točke divnih jela, nudeći osjetilno iskustvo koje nadilazi uobičajeno.

Jestivo cvijeće bilo je zadivljujući element u kulinarskim tradicijama diljem svijeta, a njihovo uključivanje jelima dodaje dašak elegancije i otkačenosti. U ovoj kuharici zaranjamo u umjetnost ugrađivanja cvjetova u naša jela, pretvarajući ih iz običnih sastojaka u kulinarska remek-djela. Svaki recept svjedoči o raznolikosti okusa koje pruža paleta prirode, od delikatne slatkoće ljubičica do paprenih nota nasturcija.

Kuharica slavi jestivi krajolik, gdje latice i cvjetovi nisu samo vizualna privlačnost, već svojom jedinstvenom esencijom doprinose simfoniji okusa. Bilo da ste iskusan kuhar ili kuhar sklon avanturizmu, ovi će vas recepti nadahnuti da prigrlite ljepotu i okuse jestivog cvijeća u svojim kulinarskim kreacijama.

" Cjelovita Kuharica Pupuljci I Cvjetovi " ide dalje od uobičajenog, predstavljajući recepte koji nisu samo ukusni, već i vizualno zapanjujući. Od salata okićenih maćuhicama do slastica s laticama ruže, svako je jelo platno na kojem oživljavaju boje i oblici jestivog cvijeća. Kroz detaljne upute i inspirativne fotografije ova vas kuharica potiče da oslobodite svoju kreativnost u kuhinji, pretvarajući svaki obrok u umjetničko djelo.

Kuharica je proslava godišnjih doba, jer različito cvijeće cvjeta u različita doba godine. Potiče čitatelje da istraže lokalne tržnice, vrtove ili čak vlastito dvorište kako bi otkrili široku lepezu dostupnog jestivog cvijeća.

Čineći to, potiče dublju povezanost s prirodom i zahvalnost za blagodati koje ona pruža.

Dok listate stranice "Kuharice o pupoljcima i cvjetovima", otkrit ćete skladan spoj okusa koje jestivo cvijeće donosi na stol. Svaki je recept pomno osmišljena simfonija, koja uravnotežuje suptilnu slatkoću cvjetova sa slanim i pikantnim, stvarajući kulinarsko iskustvo koje zaokuplja sva osjetila.

Bilo da pripremate romantičnu večeru, organizirate vrtnu zabavu ili jednostavno želite dodati dašak elegancije svojim svakodnevnim obrocima, ova kuharica nudi raznolik izbor recepata za svaku priliku. To je poziv da istražite kulinarski potencijal cvijeća, pretvarajući svoju kuhinju u mirisno i okusno utočište.

DORUČAK I RUNK

1.Omlet od cvjetova tikvica

SASTOJCI:
- 2 žlice uljane repice
- 2-3 češnja mljevenog češnjaka
- ½ šalice nasjeckanog luka
- ¼ šalice nasjeckane crvene paprike
- 12 cvjetova tikvica oprati i osušiti
- 1 žlica nasjeckanog svježeg bosiljka
- ½ žlice nasjeckanog svježeg origana
- 4 jaja
- Sol i papar

UPUTE:
a) Zagrijte pećnicu na 400 stupnjeva F.
b) U tavi otpornoj na pećnicu zagrijte ulje kanole.
c) Dodajte češnjak, luk i crvenu papriku.
d) Pirjajte oko jednu minutu.
e) Dodajte cvjetove tikvica i kuhajte uz povremeno miješanje desetak minuta dok lagano ne porumene.
f) Dodajte bosiljak i origano. Promiješajte da se dobro sjedini.
g) U zdjeli umutiti jaja sa soli i paprom po ukusu. Umiješajte u povrće.
h) Smanjite vatru i kuhajte dok se jaja ne stvrdnu. Stavite pleh u pećnicu i pecite dok ne bude gotovo oko 15-20 minuta.
i) Narežite na kriške i poslužite. Može se poslužiti toplo ili na sobnoj temperaturi.

2.Jaja punjena nasturtiumima

SASTOJCI:
- 2 Tvrdo kuhana jaja
- 4 mala Listovi nasturtiuma i nježne stabljike, nasjeckani
- 2 cvijeta nasturtiuma, izrezana na uske trake
- 1 grančica svježeg červila, nasjeckana
- 1 grančica svježeg talijanskog peršina, listići nasjeckani na sitno
- 1 zeleni luk, bijeli i blijedozeleni dio
- Ekstra djevičansko maslinovo ulje
- Fina morska sol, po ukusu
- Crni papar, krupno mljeveni, po ukusu
- Nasturtium listovi i Nasturtium cvjetovi

UPUTE:
a) Tvrdo skuhajte jaja u kipućoj vodi samo dok žumanjci ne budu čvrsti, ne više.
b) Svako jaje uzdužno prepolovite i pažljivo izvadite žumanjak. Stavite žumanjke u zdjelu i dodajte listove, stabljike i cvjetove nasturcija te nasjeckani češnjevac, peršin i mladi luk.
c) Zgnječite vilicom, dodajte dovoljno maslinovog ulja da dobijete pastu.
d) Začinite po ukusu morskom soli i paprom
e) Bjelanjke lagano posoliti
f) Mješavinom žumanjka i začinskog bilja nježno ispunite šupljine.
g) Na vrh sameljite malo papra.
h) Na tanjur posložite listiće naturcija i na njih stavite punjena jaja.
i) Ukrasite cvjetovima nasturtiuma.

3.Zapečeni omlet od vlasca od plavog cvijeta

SASTOJCI:
- 4 jaja
- 4 žlice mlijeka
- Posolite i popaprite po ukusu
- 2 žlice mljevenog vlasca
- 3 žlice maslaca
- 1 desetak cvjetova vlasca

UPUTE:
a) Otopite maslac u tavi za prženje, zatim pomiješajte preostale sastojke u blenderu i ulijte u vruću, maslacem premazanu tavu.
b) Kad se rubovi omleta počnu stezati, malo smanjite vatru i lopaticom okrećite nekuhana jaja na dno tave dok se sva ne ispeku.
c) Pospite oprane cvjetove po vrhu jaja, a zatim preklopite omlet i pustite da se kuha još nekoliko minuta. Poslužiti.

4. Palačinke od marelice i lavande

SASTOJCI:
- 1½ žlica maslaca
- ½ šalice mlijeka
- 1½ žlica ulja od kikirikija
- 6½ žlica višenamjenskog brašna
- 1 velika žlica šećera
- 1 jaje
- ⅓ žličice svježih cvjetova lavande
- 14 Suhe marelice, turske
- 1 šalica rizling vina
- 1 šalica vode
- 1½ žličice narančine korice, naribane
- 3 žlice meda
- ½ šalice rizling vina
- ½ šalice vode
- 1 šalica šećera
- 1 žlica narančine korice
- ½ žlice korice limete
- 1 čajna žličica svježih cvjetova lavande
- 1 prstohvat kreme od tartara
- Aromatizirani šlag, po želji
- Grančice lavande, za ukras

UPUTE:
TIJESTO ZA KREPE
a) Otopite maslac na umjerenoj vatri.
b) Nastavite zagrijavati dok maslac ne postane svijetlosmeđe boje.
c) Dodajte mlijeko i lagano zagrijte.
d) Smjesu prebacite u zdjelu. Tucite preostale sastojke dok smjesa ne postane glatka.
e) Stavite u hladnjak na sat ili više.
f) Skuhajte palačinke, složite ih plastičnom folijom ili pergamentom između njih da se ne zalijepe.
g) Stavite u hladnjak do upotrebe.

NADJEV OD MARELICA
h) Pomiješajte sve sastojke u loncu.
i) Pirjajte oko pola sata, odnosno dok marelice ne omekšaju.
j) Pasirajte smjesu u procesoru hrane dok ne bude gotovo glatka. Cool.

RIZLING UMAK
k) Pomiješajte sve sastojke u loncu.
l) Pustite da zavrije, miješajući dok se šećer ne otopi.
m) Premažite stijenke posude četkom umočenom u hladnu vodu kako biste spriječili kristalizaciju.
n) Kuhajte, povremeno četkajući, na 240 stupnjeva F. na termometru za slatkiše.
o) Maknite s vatre i uronite dno lonca u ledenu vodu kako biste zaustavili kuhanje.
p) Ohladite se.

SERVIRATI
q) U svaku palačinku uvaljajte 3 žlice nadjeva, dopuštajući dvije palačinke po porciji.
r) Ređajte palačinke u posudu za pečenje namazanu maslacem.
s) Prekriti folijom premazanom maslacem iznutra. Zagrijte u pećnici na 350 stupnjeva F.
t) Prebacite palačinke na tanjure za posluživanje. Umak za kuhanje preko i oko palačinki.
u) Po želji ukrasite šlagom i grančicama lavande.

5.Jaja s cvjetovima vlasca

SASTOJCI:
- 2 žlice maslinovog ulja
- 3 stabljike vlasca s cvjetovima vlasca
- 2 jaja
- Košer soli
- 1 engleski muffin sa više zrna ili 2 kriške kruha

UPUTE:
a) U tavi zagrijte maslinovo ulje.
b) Vlasac i cvjetove grubo natrgajte na komade od 2 do 3 inča i stavite ih u maslinovo ulje da se zagriju 30 sekundi.
c) Razbijte jaja u tavu, dodajte malo košer soli i nastavite kuhati dok se bjelanjci ne skuhaju, a žumanjak još uvijek bude tekući oko 3 minute.
d) U međuvremenu ispecite engleski muffin.
e) Kad su jaja gotova, stavite ih na polovice engleskih muffina i jedite nožem i vilicom.

6.Granola s jestivim cvijećem

SASTOJCI:
- sok od ½ limuna
- korica od 1 limuna
- ¼ šalice šećera
- 1 žumanjak
- 2 žlice maslaca narezati na sitno
- ¼ šalice grčkog jogurta
- ½ šalice prženih badema
- ½ šalice borovnica
- ½ šalice granole
- Maćuhice, nasturtium i karanfili

UPUTE:
a) U lonac stavite limunov sok, limunovu koricu, šećer i žumanjak.
b) Kuhajte uz stalno miješanje drvenom kuhačom dok ne postane gusto.
c) Kad je gotovo stavite sa strane i dodajte maslac te narežite na komadiće. Miješajte dok se maslac ne otopi i ostavite da se ohladi. Kad se ohladi dodajte jogurt i izmiksajte.
d) Tostirajte bademe u tavi na jednoj žličici ulja.
e) Kada su svi sastojci spremni počnite slagati sve sastojke.
f) Počnite s granolom, zatim polovicom orašastih plodova, mješavinom jogurta i limuna, bobičastim voćem i ostatkom orašastih plodova, prekrijte ostatkom mješavine jogurta i ukrasite jestivim cvijećem.

7. Kremasta kajgana s jestivim cvjetovima

SASTOJCI:
- 12 jaja
- ½ šalice svijetle kreme
- 2 žličice nasjeckanih svježih listova češnjevca
- 2 žličice nasjeckanog svježeg lišća estragona
- 2 žličice nasjeckanog svježeg peršinovog lišća
- 2 žličice nasjeckanog svježeg vlasca
- Sol i svježe nasjeckani crni papar
- 4 žlice neslanog maslaca
- 8 unci kozjeg sira, izmrvljenog
- Pregršt jestivih cvjetova
- Svježe grančice peršina, za ukras
- prepečeni raženi kruh

UPUTE:
a) U zdjeli za miješanje umutite jaja, vrhnje, češnjevku, estragon, peršin, vlasac te malo soli i papra.
b) U tavi koja se ne lijepi, otopite maslac, dodajte jaja i miješajte na laganoj vatri dok se jaja tek ne počnu stvrdnjavati.
c) U serpu umiješajte kozji sir i nastavite kratko kuhati uz povremeno miješanje dok se sir ne rastopi. Dodajte jestivo cvijeće.
d) Za posluživanje, žlicom nanesite malo jaja na raženi kruh i stavite na tanjur s grančicom peršina na vrhu za ukras.
e) Poslužite odmah.

8. Palačinke s maćuhicama

SASTOJCI:
- 1¹/₂ šalice mlijeka
- ¹/₂ šalice vode
- 1 žlica šećera
- ¹/₄ žličice soli
- 3 žlice neslanog maslaca, otopljenog
- ¹/₂ šalice heljdinog brašna
- ³/₄ šalice višenamjenskog brašna
- 3 jaja
- 12 cvjetova maćuhice
- Jednostavan sirup od maćuhica ili cvjetova bilo koje vrste, za preljev po želji

UPUTE:
a) Sve sastojke osim cvjetova maćuhice stavite u blender. Miješajte dok ne postane glatko.
b) Ostavite u hladnjaku najmanje 2 sata i do preko noći.
c) Pustite da se tijesto zagrije na sobnu temperaturu prije prženja. Dobro protresi.
d) Zagrijte neprijanjajuću tavu i otopite maslac.
e) Podignite tavu s vatre i ulijte ¼ šalice tijesta u sredinu, naginjući i okrećući tavu da se brzo i ravnomjerno rasporedi. Vratiti na vatru.
f) Nakon cca 1 minute pospite maćuhicama.
g) Pomoću lopatice olabavite rubove palačinke sa stijenki tave.
h) Okrenite palačinku i kuhajte je još 30 sekundi.
i) Okrenite ga ili stavite na tanjur za posluživanje. Ponovite s preostalim tijestom.

9.Cvijet moć brazilska zdjela za açaí

SASTOJCI:
ZA AÇAÍ
- 200 g smrznutog açaija
- ½ banane, smrznute
- 100 ml kokosove vode ili bademovog mlijeka

PRELJEVI
- Granola
- Jestivo cvijeće
- ½ banane, nasjeckane
- ½ žlice sirovog meda
- Sjemenke nara
- Naribani kokos
- Pistacije

UPUTE:
a) Jednostavno dodajte svoj açaí i bananu u procesor hrane ili blender i miksajte dok ne postane glatko.
b) Ovisno o tome koliko je moćan vaš aparat, možda ćete morati dodati malo tekućine da postane kremast. Počnite sa 100 ml i dodajte još prema potrebi.
c) Ulijte u zdjelu, dodajte svoje preljeve i uživajte!

10. Doručak Slatki krumpir s čajem od hibiskusa i jogurtom

SASTOJCI:
- 2 ljubičasta batata

ZA GRANOLU:
- 2 ½ šalice zobi
- 2 žličice sušene kurkume
- 1 žličica cimeta
- 1 žlica korice citrusa
- ¼ šalice meda
- ¼ šalice suncokretovog ulja
- ½ šalice sjemenki bundeve
- mrvica soli

ZA JOGURT:
- 1 šalica običnog grčkog jogurta
- 1 žličica javorovog sirupa
- 1 vrećica čaja od hibiskusa
- jestivo cvijeće, za ukras

UPUTE:
a) Zagrijte pećnicu na 425 stupnjeva i izbockajte krumpire vilicom.
b) Zamotajte krumpir u limenu foliju i pecite 45 minuta do sat vremena.
c) Izvadite iz pećnice i ostavite da se ohladi.

ZA GRANOLU:
d) Smanjite pećnicu na 250 stupnjeva i obložite lim za pečenje papirom za pečenje.
e) Pomiješajte sve sastojke za granolu u posudi za miješanje i miješajte dok se sve ne prekrije medom i uljem.
f) Prebacite u obložen pleh i rasporedite što ravnomjernije.
g) Pecite 45 minuta, miješajući svakih 15 minuta, ili dok granola ne porumeni.
h) Izvadite iz pećnice i ostavite da se ohladi.

ZA JOGURT:
i) Napravite čaj od hibiskusa prema uputama na vrećici čaja i ostavite ga sa strane da se ohladi.
j) Kad se zagrije na sobnu temperaturu, umiješajte javorov sirup i čaj u jogurt dok ne dobijete glatku i kremastu teksturu s blago ružičastom nijansom.

ZA SASTAVLJANJE:
k) Krumpir prerežite na pola i na njega stavite granolu, aromatizirani jogurt i jestivo cvijeće za ukras.

11. Zdjela za smoothie od manga

SASTOJCI:
- 1,5 šalica smrznutih komadića manga
- ½ šalice grčkog jogurta s okusom vanilije ili kokosa
- ½ šalice punomasnog kokosovog mlijeka, punomasnog ili malog
- 2 mjerice proteina kolagena u prahu bez okusa po izboru
- 1 žličica kokosovog ulja
- 1 čajna žličica meda utopljenog ili običnog
- ⅛ žličice mljevenog đumbira
- ⅛ žličice mljevene kurkume
- ⅛ žličice mljevenog crnog papra po želji

UPUTE:
a) Dodajte mango, jogurt, kokosovo mlijeko, kolagen, med, ulje i đumbir u blender.
b) Miješajte na visokoj razini 1 minutu ili dok smjesa ne postane svilenkasto glatka.
c) Po želji ukrasite dodatnim mangom i jestivim cvjetovima.

GLICASE I PREDJELA

12. Jestivi sendviči s cvjetnim čajem

SASTOJCI:
- ½ šalice jestivog cvijeća poput jorgovana, božura, nevena, ružičastog cvijeća, karanfila, ruže i lavande
- 4 unce omekšalog krem sira
- Tanko narezan tamni kruh

UPUTE:
a) Izlomite cvjetove i pomiješajte ih sa krem sirom.
b) Namazati na kruh.

13.Punjene nasturcijume

SASTOJCI:
- Cvjetovi nasturtiuma, oko četiri po osobi, pažljivo oprani i osušeni
- 8 unci krem sira, sobne temperature
- 1 režanj češnjaka, sitno nasjeckan
- ½ žlice svježeg vlasca
- 1 žlica svježeg limunskog timijana ili limunskog bosiljka, nasjeckanog

UPUTE:
a) Krem sir dobro izmiješajte sa začinskim biljem.
b) Žlicom ili slastičarskom vrećicom pažljivo stavite 1-2 žličice smjese u sredinu cvijeta.
c) Ohladite do posluživanja.

14. Salata za predjelo od nasturtium račića

SASTOJCI:
- 2 žličice svježeg soka od limuna
- ¼ šalice maslinovog ulja
- Sol i papar
- 1 šalica kuhanih kozica, nasjeckanih
- 2 žlice mljevenog luka
- 1 rajčica, narezana na kockice
- 1 avokado, na kockice
- Listovi zelene salate
- 2 žlice nasjeckanog lišća nasturtiuma
- Nasturtium cvijeće

UPUTE:
a) Umutiti limunov sok i ulje. Posolite i popaprite.
b) Dodajte luk i škampe i promiješajte. Neka odstoji 15 minuta.
c) Dodajte rajčicu, avokado i nasjeckane listove nasturtiuma.
d) Nasut na listove salate i okružite ih svježim cijelim cvjetovima nasturcija.

15. Popečci od cvijeta maslačka

SASTOJCI:
- 1 šalica integralnog pšeničnog brašna
- 2 žlice maslinovog ulja
- 2 žličice praška za pecivo
- 1 šalica cvjetova maslačka, očistite i
- Neprskana
- 1 prstohvat soli
- 1 jaje
- Sprej s biljnim uljem koji nije na zalihama
- ½ šalice nemasnog mlijeka ili vode

UPUTE:
a) U zdjeli pomiješajte brašno, prašak za pecivo i sol. U posebnoj zdjeli umutite jaje, pa ga pomiješajte s mlijekom ili vodom i maslinovim uljem. Sjediniti sa suhom smjesom.
b) Pažljivo umiješati žute cvjetove, pazeći da se ne zgnječe. Lagano poprskajte rešetku ili tavu biljnim uljem. Zagrijte dok se potpuno ne zagrije.
c) Smjesu sipajte na rešetku po žlicu i pecite kao palačinke.

16. Popečci od kukuruza i nevena

SASTOJCI:
- 8 unci zrna kukuruza šećerca
- 4 žlice gustog vrhnja
- 1 žlica brašna
- ½ žličice praška za pecivo
- Morska sol
- bijeli papar
- 1 žlica latica nevena
- 1 žlica suncokretovog ulja ili više

UPUTE:
a) Stavite kukuruz šećerac u zdjelu i prelijte vrhnjem. Prosijte brašno i prašak za pecivo i začinite po želji. Umiješajte latice nevena.
b) Postavite veliku, tešku tavu na jaku vatru i ulijte ulje. U ulje stavljajte žlice smjese za popečke i pržite dok ne porumene s obje strane, jednom okrećući. Pritisnite smjesu ravno s lopaticom kako biste dobili čipkasti efekt na rubovima.
c) Pecite popečke u hrpama dok ne potrošite svu smjesu, po potrebi dodajte još ulja u tavu.
d) Poslužite vruće s vrućim zelenim povrćem ili salatom i crnim kruhom i maslacem.

17.Jestive cvjetne proljetne rolice

SASTOJCI:
PROLJETNE ROLICE
- 8 rotkvica, narezanih na trakice
- 5 glavica mladog luka, narezanih na trakice
- ½ krastavca, narezanog na trakice
- ½ crvene paprike, narezane na trakice
- ½ žute paprike narezane na trakice
- 1 avokado, narezan na trakice
- ½ šalice svježeg začinskog bilja, grubo nasjeckanog
- ½ šalice jestivih cvjetova ostavljenih cijelih
- 9 omota proljetne rolice od rižinog papira

UMAK
- 3 žlice maslaca od badema
- 1 žlica soja umaka
- 1 žlica soka od limete
- 1 žlica meda
- 1 žličica naribanog đumbira
- 1 žlica vruće vode

UPUTE:
a) Pomiješajte sve sastojke za umak u zdjeli.
b) Napunite plitku posudu vrućom vodom. Radeći jedan po jedan, nježno stavite rižin papir u vruću vodu na oko 15 sekundi ili dok ne postane mekan i savitljiv.
c) Premjestite papir na vlažnu površinu.
d) Brzo radeći, slažite nadjeve na rižin papir u dugački uski red, ostavljajući oko 2 inča sa svake strane.
e) Presavijte strane rižinog papira preko brežuljka, a zatim lagano zarolajte.
f) Gotove proljetne rolice pokrijte vlažnim papirnatim ručnikom dok ne budu spremne za jelo.
g) Poslužite s umakom od maslaca od badema, po želji prerezanog na pola za posluživanje.

18. Popečci od bagremovog cvijeta

SASTOJCI:
- ½ šalice glatkog brašna
- ½ žličice praška za pecivo po želji
- ½ šalice piva
- 10 bagremovih cvjetova svježe ubranih
- 1 žlica smeđeg šećera
- ½ limuna
- biljno ulje za prženje

UPUTE:
a) Protresite i pregledajte cvjetove bagrema kako biste uklonili svu prljavštinu ili male bube.
b) Napravite tijesto tako što ćete pomiješati brašno i pivo.
c) Temeljito umutite dok ne postane glatko, trebali biste dobiti tekuću, malo gustu smjesu.
d) Držeći stabljiku umočite cvjetove u tijesto i pustite da sav višak iscuri.
e) Zagrijte tavu s dovoljno ulja da prekrije podlogu.
f) Ispecite fritule dok donja strana ne porumeni, okrenite ih i ponovite.
g) Dodajte još ulja ako trebate kuhati još jednu porciju.
h) Najbolje je jesti vrlo brzo nakon kuhanja.
i) Pospite smeđim šećerom i malo limuna.

19.Kozji sir sa jestivim cvjetovima

SASTOJCI:
- 4 unce omekšalog kozjeg sira
- sitno ribane limunove korice od 1 limun
- 2 žličice svježeg lišća timijana
- listovi svježeg timijana i grančice za ukrašavanje
- jestivo cvijeće za ukras, po želji
- med za podlijevanje, po želji
- krekeri za posluživanje

UPUTE:
a) Obložite zdjelu ili ramekinu plastičnom folijom.
b) Pokušajte imati što manje nabora u plastičnoj foliji. Staviti na stranu.
c) Pomiješajte omekšali kozji sir, koricu limuna i grančice timijana u zdjeli i promiješajte da se sjedine.
d) Dodajte smjesu kozjeg sira u pripremljenu zdjelu i stražnjom stranom žlice utisnite smjesu kako biste se riješili svih zračnih džepova.
e) Povucite višak plastične folije preko smjese sira i stavite u hladnjak na 30 minuta.
f) Izvadite iz hladnjaka i preokrenite smjesu od kozjeg sira na mjesto za posluživanje.
g) Uklonite plastičnu foliju i po želji ukrasite listovima i/ili grančicama timijana i/ili jestivim cvjetovima i laticama.
h) Poslužite s krekerima i zdjelicom meda za prelijevanje.

GLAVNO JELO

20.Adobo goveđa salata sa salsom od hibiskusa

SASTOJCI:
- 1 žlica biljnog ulja
- 2 očišćena goveđa fileta
- ½ šalice Adobo umaka
- ½ šalice bijelog vina
- ¼ šalice šećera
- ½ šalice cvjetova hibiskusa, osušenih
- ½ šalice đumbira, oguljenog i narezanog na kockice
- Sok od 1 limuna
- 2 žlice orahovog ulja
- 2 luka narezana na kockice
- 2 šalice marelica, narezanih na kockice
- 2 žlice nasjeckanog bosiljka
- 2 žlice nasjeckane metvice
- 2 žličice morske soli
- 1 funta Očišćeno miješano zelje
- 1 funta mladog povrća, izrezanog na pola
- 3 grančice bosiljka

UPUTE:
ADOBO UMAK
a) Čili namočite u vrućoj vodi 15 minuta i ispasirajte.
b) Marinirajte govedinu u adobo umaku i biljnom ulju i držite u hladnjaku.

NAPRAVITI SALSU
c) Pomiješajte vino, šećer, hibiskus, đumbir i limun u loncu i zakuhajte.
d) Ostavite sa strane i kuhajte najmanje 15 minuta.
e) Procijedite kroz gusto cjedilo bez tiještenja pa dodajte orahovo ulje, breskve, ljutiku, bosiljak i metvicu te posolite.
f) Staviti na stranu.
g) U tavi za pirjanje, na visokoj temperaturi, pržite govedinu 45 sekundi do 1 minute sa svake strane.
h) Pirjajte mlado povrće s grančicama bosiljka na biljnom ulju 2 minute i deglazirajte tavu s 1 unce vinaigrettea.
i) Podijelite zelje u sredinu svakog tanjura, stavite govedinu na vrh, a žlicom nanesite povrće i salsu oko govedine i zelja.

21.Ravioli od miješanog cvijeća i sira

SASTOJCI:
- 12 Wonton skinova
- 1 umućeno jaje za pečaćenje raviola
- 1 šalica miješanih cvjetnih latica
- ⅓ šalice Ricotta sira
- ⅓ šalice Mascarpone sira
- 4 žlice nasjeckanog bosiljka
- 1 žlica nasjeckanog vlasca
- 1 žličica nasjeckanog cilantra
- ⅓ šalice meke široke pšenice, izmrvljene
- 1½ čajna žličica soli
- ½ žličice paste od crvenog čilija
- 12 cijelih maćuhica

UPUTE:
a) Pomiješajte sve sastojke, osim cijelih maćuhica. Za pripremu položite wontonovu kožu ravno na površinu.
b) Stavite 1½ žličice nadjeva u sredinu wonton kore, na vrh stavite 1 cijelu maćuhicu.
c) Rubove navlažite razmućenim jajetom i prekrijte drugom vonton korom.
d) Kuhajte u vodi ili temeljcu od povrća otprilike 1½ minute.
e) Poslužite u zdjeli s juhom od rajčice i bosiljka.

22. Lazanje od maslačka

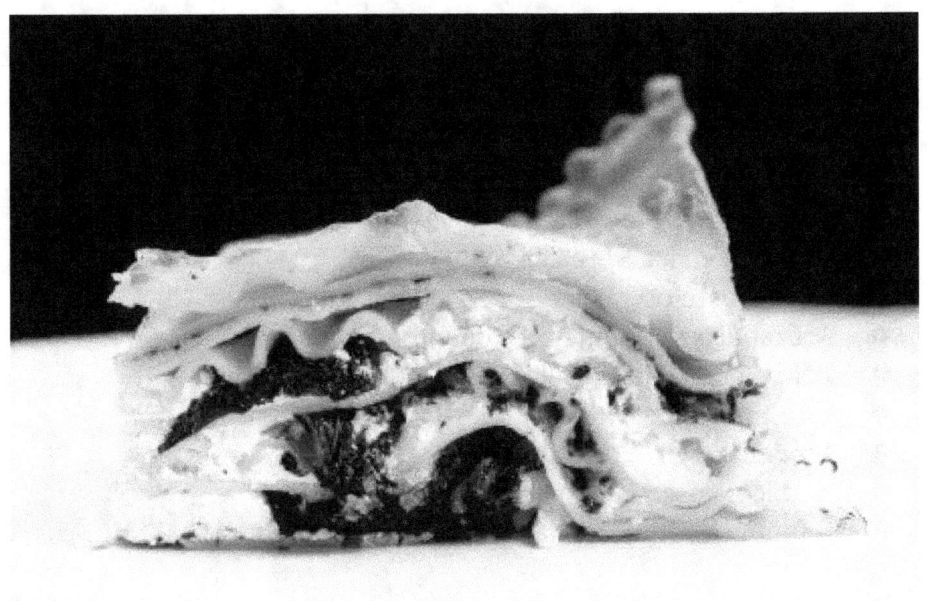

SASTOJCI:
- 2 litre vode
- 2 funte lišća maslačka
- 2 češnja češnjaka
- 3 žlice nasjeckanog peršina, podijeljeno
- 1 žlica bosiljka
- 1 žličica origana
- ½ šalice pšeničnih klica
- 3 šalice umaka od rajčice
- 6 unci paste od rajčice
- 9 rezanaca za lazanje od cjelovitog zrna pšenice
- 1 žličica maslinovog ulja
- 1 funta sira Ricotta
- 1 mrvica kajenskog papra
- ½ šalice parmezana, naribanog
- ½ funte sira Mozzarella, narezanog na kriške

UPUTE:
a) Zakuhajte vodu, dodajte maslačak i kuhajte dok ne omekša. Maslačke izvadite šupljikavom žlicom, a vodu ostavite.
b) Stavite maslačak u blender s češnjakom i 1 žlicom peršina, bosiljka i origana.
c) Dobro izmiješajte, ali pazite da se ne ukapi.
d) Dodajte pšenične klice, dvije šalice umaka od rajčice i pastu od rajčice.
e) Izmiksajte tek toliko da se dobro promiješa i ostavite smjesu.
f) Ponovno zakuhajte vodu. Dodajte lazanje i maslinovo ulje. Skuhajte al dente. Ocijediti i rezervisati.
g) Pomiješajte ricotta sir, cayenne i preostale 2 žlice. peršin, rezerva.
h) Lagano premažite maslacem dno tepsije 9 x 13" za pečenje.
i) Postavite 3 rezanca za lazanje jednu do druge kao prvi sloj. Prelijte ⅓ umaka od maslačka, zatim ½ ricotta sira.
j) Preko ricotte istresti malo parmezana i prekriti slojem ploški mozzarelle. Ponoviti.
k) Posložite zadnja 3 rezanca za lazanje i posljednju ⅓ umaka od maslačka. Pokrijte preostalim parmezanom i mozzarellom i jednom šalicom umaka od rajčice.
l) Pecite na 375 F. 30 minuta.

23.Janjetina i portulak sa slanutkom

SASTOJCI:
- 3 žlice maslinovog ulja
- 1 luk, narezan na kockice
- 1 žlica mljevenog korijandera
- ½ žlice mljevenog kima
- 1 kilogram nemasne janjetine, narezane na kockice
- 1 ½ žlica paste od rajčice
- 30 grama paste od crvene paprike
- ½ šalice zelene leće, namočene preko noći
- ¾ šalice slanutka, namočenog preko noći
- ½ šalice crnookog graška, namočenog preko noći
- ½ šalice krupnog bulgara
- 4 češnja češnjaka, nasjeckana
- 4 šalice temeljca od povrća
- 1 kilogram portulaka, potočarke ili cikle, oprane i grubo nasjeckane
- Morska sol po ukusu
- 2 limuna, samo sok
- 4 žlice maslinovog ulja
- 1 žličica čili pahuljica
- 2 žličice sušene metvice

UPUTE:
a) Zagrijte maslinovo ulje dok se ne zadimi, zatim dodajte luk i pirjajte dok ne porumeni.
b) Dodajte korijander i kim i kratko promiješajte s lukom dok ne zamiriše pa dodajte janjetinu i kuhajte na jakoj vatri dok se meso ne ispeče izvana, oko 5 minuta.
c) Dodajte leću, slanutak i crni grašak i pirjajte lonac 25 minuta.
d) Dodajte češnjak i češnjak i dobro promiješajte, dodajući 2 šalice vode, a zatim nastavite pirjati oko 20 minuta.
e) Začinite po želji i dodajte nasjeckano zelje te dobro promiješajte da zelje uvene, kuhajte još dvije minute.
f) Za pripremu aromatiziranog ulja zagrijte ulje s pahuljicama čilija i metvicom dok ulje ne počne cvrčati.
g) Za posluživanje, podijelite lonac na posude i pokapajte otprilike žlicom vrućeg ulja po vrhu.

24. Riba pečena u foliji s meksičkim nevenom

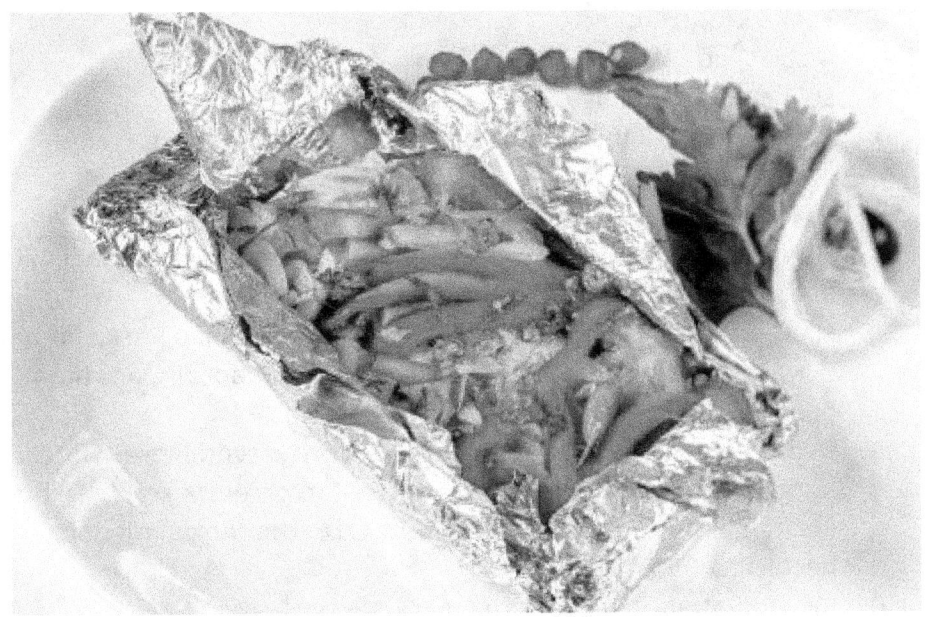

SASTOJCI:
- 1 funta fileta svježe ribe
- Tanke kriške limuna
- Maslac, po ukusu
- Sol i papar, po ukusu
- 1 šalica nasjeckanih listova nevena meksičke metvice

UPUTE:
a) Stavite riblje filete na maslacem namazanu aluminijsku foliju ili pergament.
b) Filete narežite u razmacima od 2" i umetnite tanku krišku limuna u svaki rez. Namažite ribu maslacem, solju i paprom, a zatim pospite listićima meksičke mente i nevena.
c) Dvaput presavijte rubove folije kako biste zatvorili, presavijte pergament oko ribe, u stilu slova, a zatim okrenite krajeve ispod.
d) Pecite paketić ne više od 20 minuta u prethodno zagrijanoj pećnici na 350 F.
e) Riba je gotova kada se lako ljušti.

25.Leptiri s povrćem i lavandom

SASTOJCI:
- ½ funte tjestenine, kao što su Leptiri, orecchiette ili gemelli
- 2 ili 3 češnja češnjaka, tanko narezana ili zgnječena
- 2 tikvice ili ljetne tikve, orezane
- 2 mrkve, oguljene i narezane
- 1 paprika, bez jezgre
- 3 žlice ekstra djevičanskog maslinovog ulja
- 1 čajna žličica svježih ili suhih cvjetova lavande, plus dodatak za ukras
- Sol i svježe mljeveni crni papar

UPUTE:
a) Zakuhajte lonac vode i posolite je. Dodajte tjesteninu i kuhajte dok ne postane al dente.
b) U međuvremenu narežite povrće na tanke ploške, kuhačom, mandolinom ili nožem.
c) U nezagrijanu tavu ulijte maslinovo ulje i dodajte češnjak.
d) Kuhajte češnjak dok ne poprimi zlatnu boju uz povremeno miješanje.
e) Kad češnjak porumeni dodajte povrće. Pospite solju i paprom te dodajte lavandu, zgnječite cvjetove vršcima prstiju kako bi oslobodili miris.
f) Kuhajte, povremeno miješajući, dok povrće jedva omekša, samo 5 minuta.
g) Nadamo se da će tjestenina biti skoro gotova kao što je povrće skoro gotovo.
h) Tjesteninu ocijedite, uz malo vode od kuhanja.
i) Povrću dodajte tjesteninu i nastavite kuhati, po potrebi dolijevajući vodu da smjesa ostane vlažna.
j) Kada tjestenina i povrće budu mekani, ali ne i kašasti, dodajte sol i papar.
k) Ukrasite s par cvjetova lavande.

26. Tjestenina od koprive s veganskim parmezanom

SASTOJCI:
- ½ funte tjestenine
- 2,5 unce svježih listova i vrhova koprive
- 3 žlice maslinovog ulja
- 3 češnja češnjaka, mljevena
- 1 glavica luka, narezana na kockice
- 1 žličica suhog peršina
- ½ žličice suhe majčine dušice
- ½ žličice sušenog bosiljka
- 1/3 šalice nasjeckanih srca artičoka
- ½ šalice veganskog parmezana, naribanog
- Sol i papar, po ukusu
- Po želji: 1 šalica cvjetova ljubičice ili cvjetova gorušice od češnjaka

UPUTE:
a) Zakuhajte lonac vode, posolite je i dodajte tjesteninu. Otprilike 1 minutu prije nego što je vaša tjestenina potpuno kuhana, dodajte koprivu u vodu.
b) Zagrijte ulje u tavi, dodajte češnjak i luk i ostavite da se kuha oko 5 minuta. Ako češnjak brzo počne bojati, smanjite vatru. Umiješajte začine.
c) Prije nego što ocijedite rezance i koprivu, uzmite ¼ šalice vode od tjestenine i dodajte u tavu s lukom.
d) Zatim ocijedite tjesteninu i koprivu i dodajte u lonac, zajedno sa srcima artičoka pobacajte da se oblože. Smanjite vatru i dodajte veganski parmezan, ponovno miješajući, dok se sir ne otopi i prekrije rezance.
e) Rezance maknite s vatre i ukrasite jestivim cvjetićima.

27.Zimnica I Njoki

SASTOJCI:
- Paket od 12 unci prethodno nasjeckane svježe butternut tikve
- 8 unci cremini gljiva, prepolovljenih
- 1 šalica smrznutog bisernog luka, odmrznutog
- 2 žlice ekstra djevičanskog maslinovog ulja
- 1½ žličice košer soli
- ¼ žličice crnog papra
- Paket njoka od krumpira od 16 unci
- 2 žlice slanog maslaca, omekšalog
- 2 unce sira Parmigiano-Reggiano, nasjeckanog, podijeljenog
- Nasjeckani svježi plosnati peršin

UPUTE:
a) Zagrijte pećnicu na 450°F, ostavljajući posudu u pećnici dok se zagrijava.
b) Pomiješajte butternut tikvicu, gljive, biserni luk, maslinovo ulje, sol i papar.
c) Smjesu povrća žlicom stavljajte u lagano namašćenu tepsiju.
d) Pecite mješavinu povrća dok tikva ne omekša i ne porumeni oko 20 minuta.
e) Pripremite njoke prema uputama na pakiranju, uz 1 šalicu vode od kuhanja.
f) Izvadite mješavinu povrća iz pećnice. Umiješajte njoke i omekšali maslac.
g) Postupno dodajte do 1 šalice vode za kuhanje, ¼ šalice istovremeno, miješajući dok se ne počne stvarati lagano gust umak.
h) Umiješajte ¼ šalice nasjeckanog sira.
i) Prelijte preostalom ¼ šalice sira.
j) Smjesu povrća i okruglica ravnomjerno podijelite u 4 zdjele.
k) Po želji ukrasite nasjeckanim peršinom i odmah poslužite.

JUHE

28.Juha od listova boražine i pšenične trave

SASTOJCI:
- 1 žlica neslanog maslaca
- 125 g mladog luka, grubo nasjeckanog
- 200 g listova boražine, nasjeckanih
- 125 g svježeg graška
- 1 l pilećeg ili povrtnog temeljca
- 4 grančice svježeg vrta min t
- Morska sol i crni papar
- Ekstra djevičansko maslinovo ulje

SERVIRATI:
- 6 žlica prženih krumpirića s ukiseljenim pupoljcima divljeg češnjaka
- 4 mekano poširana kokošja jaja
- Šaka cvjetova boražine
- Šaka pšenične trave mikros
- Nekoliko graška, sirovog i svježe oljuštenog

UPUTE:
a) U loncu na laganoj vatri otopite maslac i lagano kuhajte mladi luk oko pet minuta, ili dok ne omekša.
b) Dodajte grašak i pirjajte još minutu prije dodavanja nasjeckanih listova boražine.
c) Ulijte temeljac i pojačajte vatru kako bi lagano ključalo.
d) Kad temeljac zakuha, dodajte listiće mente i kuhajte još pet minuta, odnosno dok povrće ne omekša, a okusi su još živi.
e) Posolite i popaprite po ukusu, a zatim juhu izmiksajte u blenderu dok ne postane glatka.
f) Poslužite odmah s hrskavim kruhom.

29.Juha od cvjetova tikve

SASTOJCI:
- 6 žlica neslanog maslaca
- 2 luka, narezana na ploške
- 1 žličica soli, ili više po ukusu
- ½ žličice svježe mljevenog crnog papra
- 3 režnja češnjaka, narezana na ploške
- 2 litre temeljca od povrća
- 1 funta cvjetova tikvica ili drugih tikvica
- Pola, pola
- ½ šalice ribanog sira Anejo
- 1 limeta, izrezana na 6 ili 8 kriški

UPUTE:
a) U loncu otopite maslac na umjerenoj vatri.
b) Pirjajte luk sa soli oko 5 minuta.
c) Dodajte češnjak i kuhajte još 1 do 2 minute. Ulijte povrtni temeljac ili vodu.
d) Pustite da zavrije, smanjite na vatru i kuhajte 10 do 12 minuta. Zatim umiješajte cvjetove i kuhajte još 5 minuta.
e) Prebacite u blender ili procesor hrane i pire dok ne postane glatko.
f) Procijedite kroz cjedilo natrag u lonac za juhu.
g) Ulijte pola-pola i ponovno prokuhajte.
h) Začinite po ukusu solju i paprom.
i) Poslužite vruće, ukrašeno sirom i kriškama limete.

30.Chervil Nasturtium juha

SASTOJCI:
- 2 litre vode
- Sol
- 2 šalice svježeg češnjaka
- 1 šalica lišća nasturtiuma
- 1 šalica listova potočarke
- 1 funta krumpira oguljenog i narezanog na četvrtine
- 1 šalica gustog vrhnja
- 1 žlica maslaca

UPUTE:
a) U loncu zakuhajte vodu na jakoj vatri.
b) Posolite, smanjite vatru, pa dodajte listove češnjevke, naturcija i potočarke te krumpir.
c) Lagano kuhajte 1 sat.
d) Pasirajte juhu u multipraktiku ili blenderu u nekoliko serija.
e) Neposredno prije posluživanja umiješajte vrhnje i, ako se juha ohladila, lagano zagrijte. Na dno tijesta stavite maslac i prelijte vrućom juhom.
f) Po želji ukrasite listovima nasturcija.

31. Zdjela s azijskim krizantemama

SASTOJCI:
- 2 litre pileće juhe
- ¾ žlice sezamovog ulja
- 2 žličice soli
- 4 unce celofanski rezanci s niti graha
- 1 glavica kupusa, nasjeckana
- 1 funta špinata, svježeg
- 2 pileća prsa bez kostiju
- 8 unci pilećih jetrica
- 8 unci svinjskog filea
- 8 unci čvrste bijele ribe
- 8 unci škampi
- 1 šalica kamenica
- 3 žlice soja umaka
- 2 žlice šerija
- 2 velike krizanteme

UPUTE:
a) Sve meso i povrće narežite na kineski način.
b) U loncu za posluživanje zakuhajte pileći temeljac, ulje i sol.
c) Rezance i sve sirovine atraktivno posložite na pladanj.
d) Dodajte sherry i umak od soje u juhu koja vrije.
e) Dajte gostima štapiće i zdjelice za posluživanje. pozovite goste da dodaju sirove sastojke u juhu.
f) Neka se kuha samo dok riba i škampi ne budu neprozirni.
g) Neposredno prije nego što se gosti posluže iz lonca, pospite lišće krizantema po vrhu mjehurićave juhe.
h) Juhu poslužite u zdjelicama.

32.Juha od crnog graha i cvijet vlasca s

SASTOJCI:
- 1 funta sušenog crnog graha
- 1 žlica neslanog maslaca
- 1 šalica sitno nasjeckanog divljeg luka
- 3 češnja češnjaka, oguljena i
- 4 kukuruzne tortilje
- 1 šalica suncokretovog ulja
- ½ šalice mljevenog krupno mljevenog plavog kukuruznog brašna
- 1 žličica soli
- ¼ žličice crnog papra
- 10 šalica vode
- Ljubičasti cvjetovi vlasca, nasjeckani vlasac i kiselo vrhnje za ukras

UPUTE:
a) Grah namočite preko noći u vodi da bude prekriven. Sutradan grah ocijedite.
b) Otopite maslac u loncu.
c) Dodajte divlji luk i pirjajte dok ne postane proziran, oko 3 minute.
d) Dodajte češnjak, pirjajte još 1 minutu, dodajte ocijeđeni grah, sol, papar i 4 šalice vode.
e) Pustite da zavrije na jakoj vatri, zatim smanjite vatru i kuhajte poklopljeno 30 minuta, povremeno miješajući kako grah ne bi zagorio.
f) Dodajte još 4 šalice vode i kuhajte nepoklopljeno još 30 minuta uz povremeno miješanje.
g) Dodajte preostale 2 šalice vode i kuhajte 20 minuta, dok grah ne omekša, ali ostane čvrst. Dok se grah kuha pripremite tortilja čips.
h) Slagati tortilje na radnu površinu. Oštrim nožem izrežite okrugle tortilje na 3 međusobno povezana trokuta.
i) Zagrijte ulje u tavi dok ne bude jako vruće, ali ne da se dimi.
j) Svaki trokut tortilje pažljivo stavite u ulje.
k) Pustite tortilje da se kuhaju 30 sekundi i vilicom ih okrenite, pa ponovite postupak s preostalim tortiljama.
l) Izvadite čips iz ulja i umočite kut svakog čipsa u plavo kukuruzno brašno.
m) Stavite na papirnati ubrus da se ocijedi od viška ulja.
n) Ukrasite juhu čipsom, ljubičastim cvjetovima vlasca i nasjeckanim vlascem.
o) Poslužite vruće sa vrhnjem sa strane.

33. Nasturtium juha od zelene salate

SASTOJCI:
- 1 cos zelena salata ili romaine salata
- 25 g cvjetova i listova nasturtiuma
- 25 g maslaca
- 1 štapić nasjeckanog celera
- 1 glavica luka nasjeckana
- 1 češanj češnjaka samljeti
- 500 ml temeljca od povrća ili piletine
- 1 krumpir oguljen i nasjeckan
- 100 ml bademovog mlijeka ili drugog mlijeka po izboru
- Posolite i popaprite po ukusu

UPUTE:
a) Nasjeckajte zelenu salatu i nasturcije i ostavite sa strane.
b) Otopite maslac u tavi i kuhajte luk i celer 5 minuta, zatim dodajte češnjak i kuhajte još 2 minute.
c) Dodajte nasjeckanu zelenu salatu, naturcije, krumpir i temeljac te pirjajte 20 minuta.
d) Umutite štapnim mikserom i dodajte mlijeko i začine.
e) Poslužite bilo vruće ili hladno i ukrašeno sitno nasjeckanim cvjetovima i laticama naturcija na vrhu.

34.Juha od komorača s jestivim cvijećem

SASTOJCI:
- 2 ljutike, sitno nasjeckane
- 2 režnja češnjaka, mljevena
- 3 komorača, narezana na četvrtine i kockice
- 200 grama škrobnog krumpira
- 2 žlice maslinovog ulja
- 800 mililitara juhe od povrća
- 100 mililitara šlaga
- 2 žlice Crème fraiche
- 2 centilitra vermuta
- sol
- svježe mljevene paprike
- 2 žlice nasjeckanog peršina
- Cvijet boražine za ukras

UPUTE:
a) Polovicu listova komorača sitno nasjeckajte, a ostatak ostavite sa strane.
b) Ogulite i narežite krumpir na kockice.
c) Zagrijte ulje u tavi, te propirjajte ljutiku i češnjak.
d) Dodajte komorač i kratko propirjajte. Dodajte juhu i krumpir i pustite da zavrije.
e) Smanjite vatru i ostavite da lagano krčka 20-25 minuta.
f) Propasirajte juhu pa dodajte vrhnje, creme fraiche, peršin i nasjeckane listove komorača.
g) Dodajte vermut, a zatim začinite po ukusu solju i paprom.
h) Juhu ulijte u zdjelice, ukrasite preostalim listovima komorača i boražinom i poslužite.

35. Juha od zelenog graška s cvjetovima vlasca

SASTOJCI:
- 1 žlica ekstra djevičanskog maslinovog ulja
- 2 debele kriške raženog kruha od cijelog zrna, narezanog na kockice
- Morska sol i svježe mljeveni papar
- Svježi vlasac s cvjetovima za ukras
- 2 ¾ šalice temeljca od povrća
- 10 unci svježeg ili smrznutog graška
- ¼ žličice wasabi praha ili paste
- ¾ šalice punomasnog običnog jogurta
- Završno ulje za pokapanje

UPUTE:
a) Zagrijte maslinovo ulje u tavi.
b) Bacite kockice kruha u ulje, okrećući ih hvataljkama ili lopaticom otpornom na toplinu da se prepeku sa svih strana, oko 4 minute. Posolite i popaprite.
c) Prebaciti na tanjur da se ohladi.
d) Vlascu otkinuti cvjetove vlasca, a zelene mladice nasjeckati.
e) Zagrijte temeljac u loncu za juhu na jakoj vatri dok ne provrije. Dodajte grašak i kuhajte dok ne bude svijetlo zelen i tek kuhan 8 do 10 minuta.
f) Maknite s vatre i upotrijebite potopni blender ili premjestite juhu u blender u serijama da je obrađujete dok ne postane glatka, oko 3 minute.
g) Dodajte wasabi i začinite solju i paprom. Dodajte jogurt i miješajte dok ne postane glatko i lagano kremasto, 2 do 3 minute.
h) Vratite u lonac i držite na toplom na laganoj vatri dok ne budete spremni za posluživanje.
i) Ulijte juhu u zdjelice, na vrh stavite krutone i pokapajte maslinovim uljem.
j) Začinite paprom i po vrhu obilato posipajte nasjeckani vlasac i njegove cvjetove. Poslužite toplo.

36. Vichyssoise s cvjetovima boražine

SASTOJCI:
- 6 poriluka, očišćenih, odrezanih vrhova
- 4 žlice maslaca
- 4 šalice pileće ili povrtne juhe
- 3 krumpira, narezana na kockice
- 2 žlice nasjeckanih listova boražine
- 1 šalica kiselog vrhnja
- Sol i papar
- Muškatni oraščić

UPUTE:
a) Poriluk narežite na tanke ploške.
b) U loncu rastopite maslac, dodajte poriluk i pirjajte ga na umjerenoj vatri dok ne omekša.
c) Dodajte juhu, krumpir i vlasac.
d) Zakuhajte i kuhajte poklopljeno 35 minuta ili dok krumpir ne omekša. Naprezanje.
e) Pasirajte povrće u multipraktiku. Pomiješajte pire i juhu i ohladite.
f) Neposredno prije posluživanja umiješajte kiselo vrhnje.
g) Začinite po želji solju, paprom i muškatnim oraščićem te ukrasite cvjetovima boražine.

SALATE

37.Duga salata

SASTOJCI:
- Paket od 5 unci zelene salate
- Pakiranje rikule od 5 unci
- Pakiranje Microgreensa od 5 unci
- 1 tanko narezana rotkvica od lubenice
- 1 tanko narezana ljubičasta rotkvica
- 1 tanko narezana zelena rotkva
- 3 dugine mrkve, obrijane na vrpce
- 1/2 šalice tanko narezanog graška
- 1/4 šalice crvenog kupusa, nasjeckanog
- 2 ljutike, narezane na kolutove
- 2 krvave naranče, segmentirane
- 1/2 šalice soka od crvene naranče
- 1/2 šalice ekstra djevičanskog maslinovog ulja
- 1 žlica crvenog vinskog octa
- 1 žlica sušenog origana
- 1 žlica meda
- Sol i papar, po ukusu
- za ukras Jestivo cvijeće

UPUTE:
a) Pomiješajte maslinovo ulje, crveni vinski ocat i origano u posudi. Dodajte ljutiku i ostavite da se marinira najmanje 2 sata na radnoj površini.
b) Ostavite ljutiku sa strane.
c) U staklenci pomiješajte sok od naranče, maslinovo ulje, med i malo soli i papra dok ne postane gusto i glatko. Začinite solju i paprom po ukusu.
d) Pomiješajte mikrozelenje, zelenu salatu i rikulu s otprilike ¼ šalice vinaigrettea u zdjelu za miješanje.
e) Pomiješajte polovicu rotkvica, mrkvu, grašak, ljutiku i segmente naranče.
f) Sastavite sve u šareni uzorak.
g) Za kraj dodajte još vinaigrette i jestivog cvijeća.

38.Mikrozelenje i salata od snježnog graška

SASTOJCI:
VINAIGRET
- 1 ½ šalica jagoda narezanih na kockice
- 2 žlice bijelog balzamičnog octa
- 1 žličica čistog javorovog sirupa
- 2 žličice soka od limete
- 3 žlice maslinovog ulja

SALATA
- 6 unci mikro zelenila i/ili zelene salate
- 12 sitno narezanih graška
- 2 rotkvice, tanko narezane
- Prepolovljene jagode, jestivo cvijeće i grančice svježeg začinskog bilja, za ukras

UPUTE:
a) Da biste napravili vinaigrette, umutite jagode, ocat i javorov sirup u posudi za miješanje. Procijedite tekućinu i dodajte sok limete i ulje.
b) Posolite i popaprite.
c) Za pripremu salate pomiješajte mikrozelenje, grašak, rotkvice, spremljene jagode i ¼ šalice vinaigrettea u zdjeli za miješanje.
d) Dodajte prepolovljene jagode, jestivo cvijeće i grančice svježeg začinskog bilja kao ukras.

39.Salata od nasturtiuma i grožđa

SASTOJCI:
- 1 glavica crvene salate
- 1 šalica grožđa bez sjemenki
- 8 listova nasturtiuma
- 16 Nasturtium cvjetovi

VINAIGRET:
- 3 žlice ulja za salatu
- 1 žlica bijelog vinskog octa
- 1½ žličice Dijon senfa
- 1 prstohvat crnog papra

UPUTE:
a) Na svaki od četiri tanjura rasporedite 5 listova crvene salate, ¼ šalice bobica grožđa, 2 lista i 4 cvijeta nasturtiuma.
b) Pomiješajte sve sastojke za vinaigrette u zdjeli.
c) Preljevom jednako prelijte svaku salatu.
d) Poslužite odmah.

40.Ljetna salata s tofuom i jestivim cvijećem

SASTOJCI:
ZA LJETNU SALATU:
- 2 glavice zelene salate
- 1 funta janjeće zelene salate
- 2 zlatna kivija koristite zelenu ako zlatna nije dostupna
- 1 šaka jestivog cvijeća po želji- ja sam koristila noćurak iz svog vrta
- 1 šaka oraha
- 2 žličice suncokretovih sjemenki po želji
- 1 limun

ZA TOFU FETA:
- 1 blok tofua koji sam koristio ekstra čvrst
- 2 žlice jabučnog octa
- 2 žlice svježeg soka od limuna
- 2 žlice češnjaka u prahu
- 2 žlice luka u prahu
- 1 žličica svježeg ili suhog kopra
- 1 prstohvat soli

UPUTE:
a) U zdjeli izrežite ekstra čvrsti tofu na kockice, dodajte sve ostale sastojke i zgnječite vilicom.
b) Stavite u zatvorenu posudu i držite u hladnjaku par sati.
c) Za posluživanje posložite veće listove na dno vaše velike zdjele: zelenu salatu od maslaca i janjetinu na vrh.
d) Kivi narežite i stavite na listove zelene salate.
e) U zdjelu pospite malo oraha i sjemenki suncokreta.
f) Pažljivo berite svoje jestivo cvijeće. Nježno ih stavite oko salate.
g) Izvadite tofu fetu iz hladnjaka, u ovom trenutku biste je trebali moći rezati/izmrviti. Stavite neke velike komade posvuda.
h) Iscijedite sok od pola limuna, a drugu polovicu odnesite na stol da dodate malo.

41.od krumpira i nasturtiuma

SASTOJCI:
- 6 mladih krumpira jednake veličine
- 1 žlica morske soli
- 3 šalice izdanaka nasturtiuma, vrlo nježnih
- Mladi listovi i stabljike, labavo zbijeni
- ½ šalice nasjeckanih kiselih krastavaca kopra
- 2 žlice ukiseljenih pupoljaka ili kapara
- 1 češanj češnjaka, samljeven
- 5 žlica ekstra djevičanskog maslinovog ulja
- ¼ šalice crvenog vinskog octa
- Svježe mljeveni crni papar, po ukusu
- 2 žlice talijanskog peršina, nasjeckanog
- 1 ruke latice nasturtiuma
- 1 cijeli cvijet i lišće Nasturtiuma, za ukras

UPUTE:
a) Stavite krumpir u tavu i pokrijte vodom za oko 2 inča zajedno s 1 žlicom morske soli. Poklopite i pustite da zavrije.
b) Otklopite posudu i kuhajte na jakoj vatri oko 20 minuta, odnosno dok krumpir ne omekša.
c) Ocijedite krumpir i ostavite da se ohladi.
d) Kada se dovoljno ohladi za rukovanje, ogulite krumpire i narežite ih na kockice.
e) Premjestite krumpir u zdjelu.
f) Nasjeckajte lišće i nježne stabljike nasturcija i dodajte u zdjelu zajedno s kiselim krastavcima kopra, pupoljcima nasturcija i češnjakom.
g) Dodajte maslinovo ulje, ocat, sol i papar po ukusu.
h) Lagano promiješajte, pazeći da ne zgnječite krumpir.
i) Salatu od krumpira nasladite na starinski tanjur za posluživanje i po vrhu pospite nasjeckanim peršinom.
j) Latice narežite na trakice i pospite po salati. Ukrasite cijelim cvjetovima i listovima.

42.Salata od maslačka i choriza

SASTOJCI:
- Zdjela za salatu od mladog lišća maslačka
- 2 kriške Kruh, narezan
- 4 žlice maslinovog ulja
- 150 grama Choriza, deblje narezanog
- 2 češnja češnjaka nasjeckana
- 1 žlica crvenog vinskog octa
- Sol i papar

UPUTE:
a) Listove maslačka pobrati, isprati i osušiti na čistoj kuhinjskoj krpi. Stavite u zdjelu za posluživanje.
b) Kruhu odrežite koru i narežite ga na kockice. U tavi zagrijte pola maslinovog ulja.
c) Pržite krutone na umjerenoj vatri, često okrećući, dok prilično ravnomjerno ne porumene.
d) Ocijediti na kuhinjskom papiru. Obrišite posudu i dodajte preostalo ulje. Pržite chorizo ili lardons na jakoj vatri dok ne porumene.
e) Dodajte češnjak i pržite još nekoliko sekundi, a zatim smanjite vatru. Izvadite chorizo šupljikavom žlicom i posipajte ga po salati.
f) Pustite da se tepsija ohladi minutu, umiješajte ocat i sve prelijte preko salate.
g) Pospite preko krutona, začinite solju i paprom, promiješajte i poslužite.

43. Boražina i krastavci u preljevu od kiselog vrhnja

SASTOJCI:
- 3 duga krastavca
- Sol
- ½ litre kiselog vrhnja
- 2 žlice rižinog octa
- ½ žličice sjemena celera
- ¼ šalice nasjeckanog mladog luka
- 1 žličica šećera
- Sol i papar
- ¼ šalice mladog lišća boražine, sitno nasjeckanog

UPUTE:
a) Krastavce operite, izvadite im sredicu i narežite na tanke ploške.
b) Lagano posolite i ostavite u cjedilu 30 minuta da se ocijede. Isperite i osušite.
c) Pomiješajte preostale sastojke, začinite po ukusu solju i paprom.
d) Dodajte krastavce i lagano promiješajte.
e) Ukrasite cvjetovima boražine ili cvjetovima vlasca.

44.Crveni kupus s krizantemom s

SASTOJCI:
- 1 crveni kupus, tanko izvađen iz koštice
- ¼ šalice maslaca
- 1 luk narezan na kolutove
- 2 veće jabuke, oguljene, očišćene od koštice, narezane na tanke kriške
- 2 žlice latica žute krizanteme
- 2 žlice smeđeg šećera
- Hladna voda
- 4 žlice crvenog vinskog octa
- Morska sol
- Papar
- Maslac
- Svježe latice krizantema

UPUTE:
a) Crveni kupus blanširajte u kipućoj vodi 1 minutu.
b) Ocijedite, osvježite i ostavite sa strane. Zagrijte maslac u tavi, stavite kolutiće luka i pržite 4 minute dok ne omekša.
c) Umiješajte kriške jabuke i kuhajte još 1 minutu.
d) Kupus stavite u duboku vatrostalnu posudu s poklopcem koji se čvrsto zatvara.
e) Pomiješajte luk, jabuke i latice krizantema, te sve sastojke okrenite da se dobro premazu maslacem.
f) Pospite šećerom i zalijte vodom i octom. Lagano začinite.
g) Kuhajte na laganoj vatri ili u pećnici na 325F/170/plin 3 1½ - 2 sata, dok kupus ne omekša.
h) Neposredno prije posluživanja dodajte komadić maslaca i svježe latice krizanteme.

45.Salata od šparoga

SASTOJCI:
SALATA OD ŠPAROGA
- 1 vezica šparoga
- 5 rotkvica, tanko narezanih
- 3 glavice luka, samo narezani zeleni vrhovi
- limunova korica od jednog limuna

VINAIGRET OD LIMUNA
- ¼ šalice soka od limuna
- 2 žlice svijetlog maslinovog ulja
- 2 žličice šećera
- sol i papar po ukusu

UKRASITI
- Kriške limuna
- Organske žute maćuhice

UPUTE:
a) Počnite kuhati vodu kako biste skuhali šparoge.
b) Pripremite zdjelu s ledenom vodom da šokirate šparoge nakon što budu kuhane.
c) Šparoge kuhajte na pari 5 minuta ili dok ne omekšaju, ali još uvijek budu hrskave.
d) Šokirajte šparoge u ledenoj vodi, a zatim ih narežite na komade od 2 inča.

VINAIGRET OD LIMUNA
e) Pomiješajte limunov sok i šećer i ostavite da odstoji dok se šećer ne otopi.
f) Dodajte ulje i začinite solju i paprom po ukusu.

SALATA OD ŠPAROGA
g) Ako imate vremena, marinirajte šparoge u preljevu 30 minuta.
h) Dodajte rotkvice i mladi luk i promiješajte.
i) Ukrasite kriškama limuna i svježim maćuhicama i odmah poslužite.

46. Salata od maćuhica

SASTOJCI:
- 6 šalica mlade rikule
- 1 jabuka, vrlo tanko narezana
- 1 mrkva
- ¼ crvenog luka, vrlo tanko narezanog
- šaka raznih svježih biljaka kao što su bosiljak, origano, majčina dušica, samo listovi
- 2 unce kremastog kozjeg sira, koristite zdrobljene pistacije za vegane
- Maćuhice, peteljka uklonjena

VINAIGRET
- ¼ šalice crvene naranče
- 3 žlice maslinovog ulja
- 3 žlice šampanjskog octa
- prstohvat soli

UPUTE:
a) Umutite vinaigrette, prilagođavajući sastojke prema svom ukusu.
b) Stavite zelje u široku zdjelu za salatu.
c) Ogulite i narežite mrkvu na tanke trakice pomoću gulilice za povrće.
d) Dodajte zelju zajedno s kriškama jabuke, lukom i začinskim biljem.
e) Prelijte dressingom i ukrasite salatu mrvicama kozjeg sira i maćuhicama.
f) Poslužite odmah.

47. Zelena salata sa jestivim cvijećem

SASTOJCI:
- 1 žličica crvenog vinskog octa
- 1 žličica Dijon senfa
- 3 žlice ekstra djevičanskog maslinovog ulja
- Krupna sol i svježe mljeveni papar
- 5 ½ unci nježne zelene salate za bebe
- 1 paket nešpricanih viola ili drugog jestivog cvijeća

UPUTE:
a) Pomiješajte ocat i senf u posudi.
b) Postupno umiješajte ulje, pa preljev začinite solju i paprom.
c) Prelijte dressing zelenilom i na vrh stavite cvijeće. Poslužite odmah.

ZAČINI I UKRASI

48. Pesto od nasturcija

SASTOJCI:
- 50 listova nasturtiuma
- ¼ šalice pistacija, prženih
- ½ šalice maslinovog ulja
- ½ šalice parmezana
- 1 prstohvat crvene paprike r
- sol i papar po ukusu

UPUTE:
a) Operite listove nasturtiuma i otresite ih na suho.
b) Napunite svoj multipraktik do ¾ puta, labavo, lišćem.
c) Miješajte dok se ne nasjeckaju. Dodajte još listova i izmiksajte.
d) Nastavite tako dok se svi listovi ne pomiješaju.
e) Dodajte pistacije i miksajte dok se ne nasjeckaju.
f) Dodajte sir, crvenu papriku i pola ulja. Mješavina.
g) Dodajte još ulja dok ne dobijete željenu konzistenciju.

49. Džem od lavande od jagoda

SASTOJCI:
- 1 funta jagoda
- 1 funta šećera
- 24 stabljike lavande
- 2 limuna, sok od

UPUTE:
a) Operite, osušite i oljuštite jagode.
b) Posložite ih u zdjelu sa šećerom i desetak stabljika lavande i ostavite na hladnom mjestu preko noći.
c) Odbacite lavandu i smjesu bobičastog voća stavite u posudu za umake koja nije od aluminija.
d) Svežite preostale stabljike lavande i dodajte ih bobicama.
e) Dodajte limunov sok.
f) Kuhajte do vrenja, a zatim kuhajte 25 minuta.
g) Skinite eventualnu pjenu s vrha. Bacite lavandu i džem ulijte u sterilizirane staklenke. Pečat.

50.Sirup od orlovih noktiju

SASTOJCI:
- 4 funte svježih latica orlovih noktiju
- 8 pinti kipuće vode
- Šećer

UPUTE:
a) Uliti latice u vodu 12 sati.
b) Ostavite sa strane nekoliko sati.
c) Pretočiti i dodati dvostruku količinu šećera te skuhati sirup.

51.ljubičica med

SASTOJCI:
- ½ šalice lagano upakiranih cvjetova ljubičice bez peteljki bez pesticida
- ½ šalice meda

UPUTE:
a) Ljubičice operite u zdjeli hladne vode i lagano ih osušite u centrifugi za salatu.
b) U tavi ili šalici prikladnoj za mikrovalnu pećnicu zagrijte med samo do vrenja.
c) Med maknite s vatre i umiješajte ljubičice.
d) Pokrijte i ostavite ljubičice da se natapaju 24 sata.
e) Sljedeći dan zagrijte med s ljubičicama samo dok ne postane tekuć.
f) Ulijte med kroz fino cjedilo u zatvorenu staklenku i bacite ljubičice.
g) Staklenku poklopite i čuvajte med s okusom ljubičice na hladnom i tamnom mjestu.
h) Iskoristiti unutar tjedan dana.

52.Cvjetni ukras za sir

SASTOJCI:
- Jestivo cvijeće ili bilje oprati
- suhi sir
- 2 šalice suhog bijelog vina
- 1 omotnica želatine bez okusa

UPUTE:
a) Položite cvijeće i začinsko bilje ravno na vrh sira u dizajnu koji želite.
b) Zatim uklonite cvijeće i začinsko bilje i odložite ih na stranu u uzorku.
c) U tavi pomiješajte bijelo vino i želatinu.
d) Miješajte dok se želatina potpuno ne otopi i smjesa ne postane bistra.
e) Maknite s vatre i stavite lonac u veću posudu napunjenu ledom.
f) Nastavite miješati dok se zgusne.
g) Stavite sir na rešetku iznad posude kako biste skupili kapljice glazure.
h) Žlicom nanesite želatinu na sir i ravnomjerno rasporedite.
i) Stavite u hladnjak na 15 minuta, zatim izvadite iz hladnjaka i žlicom prelijte još glazure preko cvjetova.
j) Poslužite s krekerima.

53. Ušećerene ljubičice

SASTOJCI:
- ½ šalice - Voda
- 1 šalica šećera, u granulama
- Ekstrakt badema ili ružina vodica
- Svježe ljubičice odn
- Svježe latice ruže

UPUTE:
a) Ovo su ukrasi za slastice.
b) Napravite sirup tako što ćete u tavi umiješati vodu u šećer.
c) Kuhajte dok se malo ne zgusne.
d) Umiješajte ekstrakt badema po ukusu. Neka se sirup malo ohladi.
e) Stavite ljubičice, nekoliko po nekoliko u sirup.
f) Provjerite jesu li potpuno prekrivene.
g) Izvadite iz sirupa i stavite na voštani papir da se osuši.
h) Ako se sirup stvrdne, zagrijte ga i dodajte još malo vode.

54. Pečena krizantema Luk

SASTOJCI:
- 16 Žuti luk
- 1 žličica šećera
- ¼ šalice pileće juhe
- 3 žlice neslanog maslaca

UPUTE:
a) Zagrijte pećnicu na 450 stupnjeva F.
b) Oštrim nožem odrežite korijen svakog luka tako da je i dalje netaknut, ali će stajati na glavi.
c) Stavite svaki luk na kraj korijena, zarežite paralelne okomite kriške u razmacima od ¼ inča, ali ne kroz luk, zaustavljajući se oko ¾ inča iznad kraja korijena.
d) Okrenite svaki luk za 90 stupnjeva i izrežite paralelne okomite ploške na isti način kako biste oblikovali šablon, a luk ostaje netaknut.
e) U malo maslacem namazanu plitku posudu za pečenje toliko da se luk otvori, odnosno "procvjeta", stavite luk, a korijen krajevima prema dolje, te pospite šećerom i soli po ukusu.
f) U tavi zagrijte juhu i maslac na umjereno jakoj vatri dok se maslac ne otopi i prelijte preko luka.
g) Pokrijte luk folijom i pecite u sredini pećnice 45 minuta ili dok ne omekša.
h) Uklonite foliju i pecite luk, povremeno podlijevajući, još 30 do 45 minuta ili dok ne porumeni.
i) Luk se može napraviti 1 dan unaprijed i ohlađen, poklopljen. Zagrijte luk prije posluživanja.

55. Ušećerene latice ruže

SASTOJCI:
- 2 ruže
- 1 bjelanjak
- 1 žličica vode
- 1 šalica šećera

UPUTE:
a) Položite latice ruže na pleh obložen papirom za pečenje.
b) U 1 bjelanjak dodajte 1 žličicu vode i dobro umutite.
c) Koristeći slastičarsku četku, lagano prekrijte latice ruže smjesom od jaja i odmah pospite šećerom.
d) Stavite natrag na pergamentni papir da se latice ruže potpuno osuše preko noći.
e) Ružine latice će očvrsnuti preko noći i mogu se čuvati i sigurno koristiti do 3 tjedna.

56. Med s dodatkom cvijeta jorgovana

SASTOJCI:
- 2 šalice svježih cvjetova jorgovana s uklonjenim zelenim peteljkama
- 1 ½ šalice sirovog meda, moguće malo više

UPUTE:
a) Odrežite cvjetove jorgovana sa stabljike škarama i stavite ih u staklenku veličine pola litre.
b) Nakon što je staklenka puna cvjetova jorgovana, ulijte sirovi med da potpuno prekrije cvjetove.
c) Pustite da se med malo slegne u staklenku, a zatim napunite staklenku još medom da prekrije cvijeće.
d) Nakon nekog vremena, cvjetovi jorgovana neizbježno će isplivati na vrh meda, i to je u redu.
e) Začepite staklenku i pustite da med odstoji najmanje nekoliko dana i do nekoliko tjedana prije upotrebe, lagano miješajući cvjetove koliko god često mislite.
f) Kada budete spremni za upotrebu meda, možete jednostavno žličicom izvaditi masu cvjetova s vrha staklenke.

57.Umak od šipka i ribiza

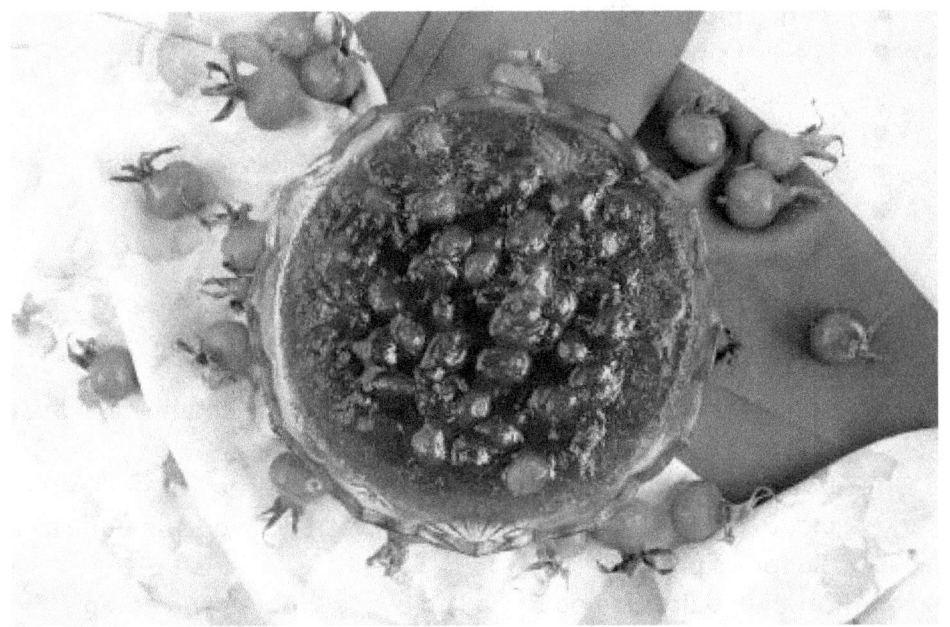

SASTOJCI:
- 1½ šalice vode
- 3 unce plodova šipka
- ½ šalice smeđeg šećera
- 1 štapić cimeta
- 3 vrećice čaja od hibiskusa
- 1 šalica želea od ribiza, crvenog ili crnog
- 1 žlica soka od limuna
- 1½ žličice maslaca
- ½ žličice brašna

UPUTE:
a) Kuhajte vodu, cimet i biljni čaj dok se voda ne smanji na jednu šalicu.
b) Izvadite cimet i biljni čaj te dodajte smeđi šećer, sok od limuna i plodove šipka te kuhajte na laganoj vatri dok voda ne bude iznad plodova šipka.
c) Zatim dodajte žele od ribiza i miješajte dok se sav ne otopi, nastavite kuhati pet minuta, cijelo vrijeme miješajući i pažljivo pazeći da zagori.
d) Maslac i brašno dobro izmiješajte i umiješajte u smjesu želea od ribiza dok se ne zgusne.
e) Smjesu maknite s vatre, spremna je za upotrebu.

PIĆA

58. Zdjela za smoothie od Matcha i nasturcija

SASTOJCI:
- 1 šalica špinata
- 1 smrznuta banana
- ½ šalice ananasa
- ½ žličice visokokvalitetnog matcha praha
- ½ žličice ekstrakta vanilije
- 1/3 šalice nezaslađenog bademovog mlijeka

PRELJEV
- Chia sjemenke
- Potočarka

UPUTE:
a) Stavite sve sastojke za smoothie u blender. Pusirajte dok ne postane glatko i kremasto.
b) Ulijte smoothie u posudu.
c) Pospite preljevom i odmah jedite.

59. Voda od borovnice i lavande

SASTOJCI:
- ½ šalice borovnica
- 4 šalice vode
- Lavanda jestivo cvijeće

UPUTE:
a) Stavite sastojke u vrč.
b) Zatim ohladite vodu najmanje pola sata.
c) Procijedite i prelijte preko kockica leda prije posluživanja.

60. Zdjela za smoothie od breskve

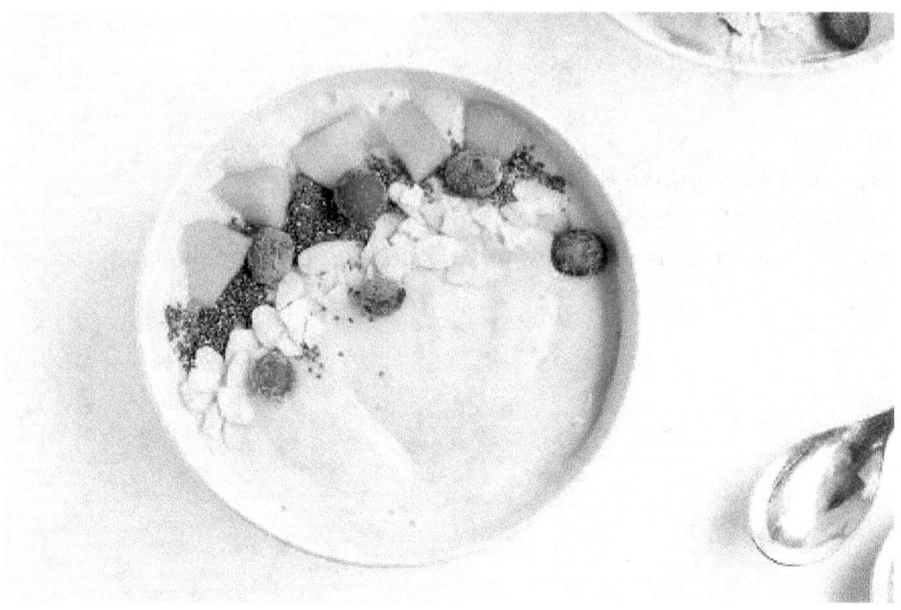

SASTOJCI:
- 2 šalice breskvi, smrznutih
- 1 banana, smrznuta
- 1½ šalice nezaslađenog mlijeka od vanilije i badema
- 1 žlica sjemenki konoplje
- Miješano bobičasto voće
- jestivo cvijeće
- kriške svježe breskve
- kriške svježeg ananasa

UPUTE:
a) Dodajte sve sastojke, osim jestivog cvijeća, svježih kriški breskve i svježih kriški ananasa, u šalicu blendera i miksajte dok ne postane glatko, pazeći da ne izmiješate previše.
b) Prelijte jestivim cvijećem, svježim kriškama breskve, svježim kriškama ananasa ili bilo kojim drugim nadjevom po vašem izboru.

61.Kefir od slatkog mlijeka od lavande

SASTOJCI:
- 4 šalice mliječnog kefira.
- 2 žlice osušenih cvjetnih glavica lavande.
- Organski šećer od trske ili stevija

UPUTE:
a) Napravite tradicionalni mliječni kefir, ostavljajući kefir da fermentira na sobnoj temperaturi 24 sata.
b) Ocijedite kefirna zrnca i premjestite ih u svježe mlijeko.
c) Glavice cvjetova lavande umiješajte u mliječni kefir. Nemojte dodavati cvjetne glavice dok su kefirna zrnca još u kefiru.
d) Stavite poklopac na kefir i ostavite ga na sobnoj temperaturi preko noći. Drugo vrenje treba trajati 12 do 24 sata.
e) Procijedite kefir da se riješite cvjetnih glavica.
f) Dodajte šećer od trske ili steviju. Zaslađivač umiješajte u kefir.

62. Ljekoviti čaj od orlovih noktiju

SASTOJCI:
- 4 šalice vode
- 2 šalice svježih cvjetova orlovih noktiju
- 1 žličica meda

UPUTE:
a) Za pripremu čaja od orlovih noktiju skupljajte otvorene cvjetove orlovih noktiju, čupajući ih pri dnu, kako bi se zadržao nektar.
b) Stavite šaku cvjetova u staklenku.
c) Zakuhajte 4 šalice vode, zatim maknite s vatre i pričekajte 2 minute.
d) Cvjetove u tegli prelijte vrućom vodom.
e) Ostavite smjesu da se ohladi na sobnu temperaturu dok se strmi.
f) Poslužite preko kockica leda, a ostatak čaja čuvajte u hladnjaku.

63. Čaj od krizanteme i bazge

SASTOJCI:
- 1/2 žlice cvjetova krizanteme
- 1/2 žlice cvjetova bazge
- 1/2 žlice paprene metvice
- 1/2 žlice listova koprive

UPUTE:
a) Sve sastojke stavite u čajnik, prelijte s 10 fl unci kipuće vode, ostavite da se prokuha i poslužite.
b) Pijte 4 šalice dnevno tijekom sezone peludne groznice.

64. Čaj od kamilice i komorača

SASTOJCI:
- 1 žličica cvjetova kamilice
- 1 žličica sjemenki komorača
- 1 žličica livadnice
- 1 žličica sitno nasjeckanog korijena bijelog sljeza
- 1 žličica stolisnika

UPUTE:
a) Začinsko bilje stavite u čajnik.
b) Prokuhajte vodu i dodajte u čajnik.
c) Pustite da se ulije 5 minuta i poslužite.
d) Pijte 1 šalicu infuzije 3 puta dnevno.

65. Čaj od maslačka i čička

SASTOJCI:
- 1 žličica lišća maslačka
- 1 žličica lišća čička
- 1 žličica biljke čivca
- 1 žličica cvjetova crvene djeteline

UPUTE:
a) Stavite sve sastojke u čajnik, prelijte kipućom vodom, ostavite da odstoji 15 minuta i poslužite.
b) Pijte toplo ili hladno tijekom dana.

66. Čaj od stolisnika i nevena

SASTOJCI:
- 1 žličica stolisnika
- 1 žličica cvjetova nevena
- 1 žličica ženskog ogrtača
- 1 žličica vrbene
- 1 žličica lista maline

UPUTE:
a) Stavite sve sastojke u čajnik, prelijte kipućom vodom, ostavite da odstoji 15 minuta i poslužite.
b) Pijte toplo ili hladno tijekom dana.

67. Čaj od kapice i cvijeta naranče

SASTOJCI:
- 1 žličica lubanje
- 1 žličica cvjetova naranče
- 1 žličica gospine trave
- 1 žličica drvenog betona
- 1 žličica matičnjaka

UPUTE:
a) Stavite sve sastojke u čajnik, prelijte kipućom vodom, ostavite da odstoji 15 minuta i poslužite.
b) Pijte toplo ili hladno tijekom dana.

68.Čaj za prehladu od cvjetova nevena

SASTOJCI:
- Stisnite cvjetove nevena
- Stisnite listove kadulje
- Stisnite cvjetove hibiskusa
- Uštipnite cvjetove bazge
- 2 šalice vode , kuhane
- Med

UPUTE:
a) Stavite neven, kadulju, hibiskus i cvjetove bazge u staklenu posudu.
b) Dodajte prokuhanu vodu u staklenku.
c) Zatvorite poklopcem i kuhajte 10 minuta.
d) Dodajte med.

69. Cvijeće podbjela Čaj

SASTOJCI:
- 2-dijelni plodovi šipka
- 1-dijelni matičnjak
- 2 šalice vode
- 1-dijelni korijen bijelog sljeza
- 1-dijelni divizm
- 1-dijelni cvjetovi podbjela
- 1-dijelni Osha korijen

UPUTE:
a) Dodajte vodu u lonac.
b) Dodajte korijenje sljeza i osha.
c) Pustite da prokuha 10 minuta
d) Dodajte preostale sastojke.
e) Ostavite da se kuha još 7 minuta.
f) Naprezanje.

70. Zeleni čaj od šipka

SASTOJCI:
- 2 šalice vode
- 1 vrećica zelenog čaja
- 2 prstohvata kajenske paprike
- 1 organski limun, iscijeđen
- 2 žlice organskih plodova šipka _ _
- 2 t žličice javorovog sirupa

UPUTE:
a) Prokuhaj vodu.
b) Dodajte vrećicu čaja i plodove šipka u šalicu.
c) Prelijte kipućom vodom.
d) Pustite da se strmi 10 minuta.
e) Iscijedite limun i sok u šalicu.
f) Umiješajte javorov sirup.
g) Dodajte kajenski prah.

71.Echinacea čaj za jačanje imuniteta

SASTOJCI:
- ¼ šalice ehinaceje
- ¼ šalice bobica bazge
- ¼ šalice astragalusa
- ¼ šalice šipka
- ¼ šalice kamilice

UPUTE:
a) Sve pomiješajte i spremite u staklenu teglu.
b) Koristite 2 žličice na šalicu vruće vode.
c) Pustite da se strmi 10 minuta.

72. Tonički čaj od cvjetova crvene djeteline

SASTOJCI:
- 4 dijela lista koprive
- 3 dijela listova zelene metvice
- 2-dijelni list divizme
- 1-dijelni korijen đumbira
- 2 dijela lista i korijena maslačka
- 3 dijela matičnjaka
- 2-dijelni cvjetovi crvene djeteline
- 1-dio šipka

UPUTE:
a) Pomiješajte sve suhe sastojke.
b) Prokuhajte 4 šalice vode i prelijte vruću vodu preko čajne mješavine.
c) Pustite da se strmi 15 minuta i procijedite bilje.

73. Ružičasti crni čaj

SASTOJCI:
- 2-dijelne latice ruže
- 1-dijelni crni čaj

UPUTE:
a) Pomiješajte sastojke u teglu.
b) Stavite jednu žličicu čaja u cjedilo.
c) Čaj prelijte osam unci kipuće vode.
d) Pustite da se strmi 5 minuta.

74.Ljekoviti čaj od orlovih noktiju

SASTOJCI:
- 4 šalice filtrirane vode
- 1 t žličica meda
- 2 šalice svježih cvjetova orlovih noktiju

UPUTE:
a) Stavite cvijeće u staklenku.
b) Zagrijte vodu do točke vrenja, zatim je ohladite 2 minute.
c) Cvjetove u tegli prelijte vrućom vodom.
d) Kuhajte nekoliko minuta.
e) Poslužite preko kockica leda.

75.Cvijet Tisane

SASTOJCI:
- 10 svježih cvjetova kamilice
- 20 pupoljaka cvijeta lavande
- 10 svježih cvjetova buhača

UPUTE:
a) Stavite cvijeće u lonac.
b) Ulijte 1 šalica vrele vode preko cvjetova.
c) Kuhajte 4 minute.
d) Procijedite u šalicu.

76.Čaj od krizantema s gojijem

SASTOJCI:
- 4 šalice kipuće vode
- 1 žlica cvjetova krizanteme _ _ _
- 1 žlica goji bobica _ _ _
- 4 crvene datulje bez koštica
- Med

UPUTE:
a) Dodajte cvjetove krizanteme, datulje i goji bobice u lonac.
b) Dodajte 4 šalice vruće kipuće vode.
c) Pustite da se strmi 10 minuta.
d) Procijedite i dodajte med.

77. Čaj od cvijeta maslačka

SASTOJCI:
- ¼ šalice cvijeta maslačka s
- 500 ml kipuće vode
- ½ t žličice meda
- Sok od limuna

UPUTE:
a) Vrške cvjetova maslačka stavite u čajnik.
b) Prokuhajte vodu i vrelom vodom prelijte cvjetove maslačka.
c) Ostavite da se uliti 5 minuta.
d) Procijedite cvjetove.
e) Dodajte med i limun .

78. Leptirov grašak Cvijet Čaj s mlijekom

79.Kavu s mlijekom čaj od cvijeta hibiskusa

SASTOJCI:
- 1 žličica čaja od cvijeta plavog graška
- 8 unci vode
- ½ šalice mlijeka
- 1 žličica meda

UPUTE:
a) Dodajte listove čaja u obliku čaja u infuzer.
b) Ulijte šalicu vruće vode.
c) Ostavite da se namače 5 minuta. Nemojte prekoračiti.
d) Mlijeko kuhajte na pari.
e) Ulijte vruću vodu u šalicu.
f) Prelijte mlijekom na vrh.
g) Odozgo prelijte medom.

SASTOJCI:
- 2 žličice osušenih cvjetova hibiskusa, smrvljenih
- ¼ žličice ružine vodice
- Hibiskus i latice ruže za ukrašavanje
- ¼ šalice kuhane vode
- ¾ šalice mlijeka, zapjenjenog
- 2 žličice meda

UPUTE:
a) Dovedite vodu do točke vrenja.
b) Stavite osušene cvjetove hibiskusa u košaricu za cjedilo za čaj.
c) Kuhajte čaj oko 5 minuta.
d) Uklonite cjedilo za čaj.
e) Umiješajte ružinu vodicu i zaslađivač u čaj.
f) Dodati toplo zapjenjeno mlijeko i ukrasiti.

80.Korijen alerijane Čaj za super opuštanje

SASTOJCI:
- 1 žličica osušene korijen valerijane
- 1 žličica osušene Cvjetovi kamilice

UPUTE:
a) U čajnik sa svim sastojcima ulijte 2 šalice vruće vode .
b) Kuhajte 5 minuta.
c) Procijedite ili uklonite vrećice čaja.
d) Dodajte med .

81. Gospina trava Čaj za smirenje

SASTOJCI:
- 1 unca matičnjaka
- 1 unca cvjetova kamilice
- ½ unce gospine trave

UPUTE:
a) Potopite smjesu u 1 šalicu prokuhane vode.
b) Poklopite 10 minuta i procijedite.

82. Čaj za pomlađivanje

SASTOJCI:
- 1-dio šipka
- 1-dijelni cvjetovi nevena
- 1-dijelni galum f niže
- 1-dijelni cvjetovi boražine
- 1 5 dijelova listova koprive

UPUTE:
a) Stavite sve biljke u vrećicu čaja , stavite u šalicu i prelijte kipućom vodom.
b) Kuhajte 10 minuta.
c) Izvadite vrećicu čaja i dodajte zaslađivač.

83. Čaj protiv prehlade i promuklosti

SASTOJCI:
- 2 unce cvjetova malve
- 1 ½ unce cvjetova divizme

UPUTE:
a) Ostavite 10 minuta u 1 šalici vruće vode. , naprezanje.
b) Pijte 2 šalice dnevno .

84.Biljni čaj od cvijeta lipe

SASTOJCI:
- Vrećica suhih cvjetova lipe
- Kipuća voda

UPUTE:
a) Stavite suho cvijeće u lonac .
b) Ulijte kipuću vodu i kuhajte četiri minute .

85.Potpourri čaj

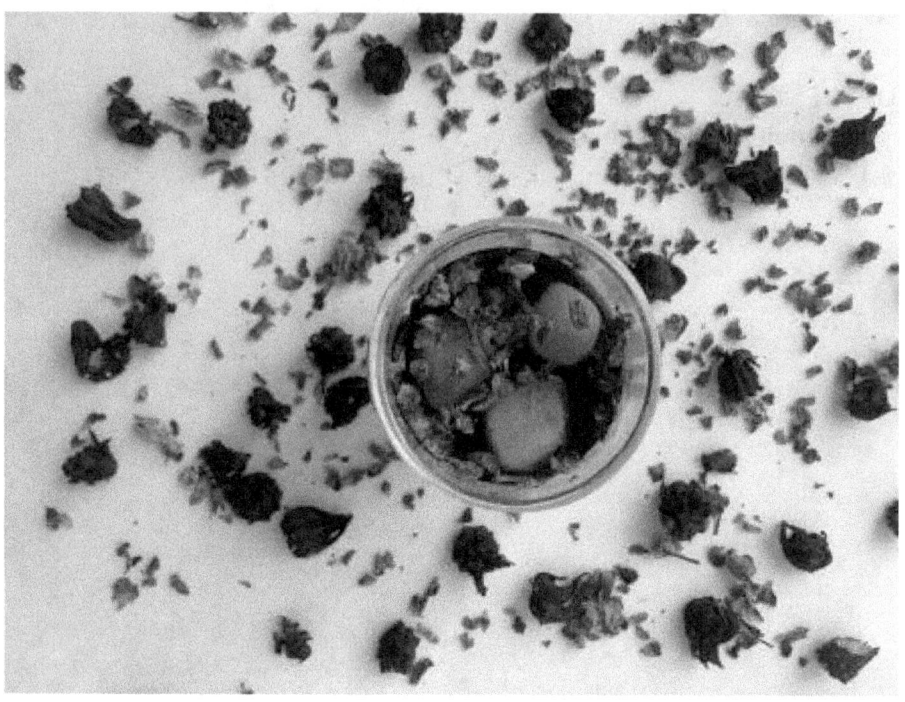

SASTOJCI:
- 3 štapića kore cimeta , izmrvljene
- 1 žlica mljevenog muškatnog oraščića
- 2 unce suhih latica naranče
- 2 žlice kore kasije , izmrvljene
- 4 cijela zvjezdasta anisa
- 8 unci crnog čaja
- 3 unce osušenih cvjetova hibiskusa
- Nekoliko okretaja mlinca za papar
- 1 unca grubo naribane svježe narančine kore
- 1 žličica cijelih klinčića , istucanih u mužaru

UPUTE:
a) Rukama pomiješajte sve sastojke u posudi za miješanje.
b) Zatim raširite na ravnu košaru ili pladanj i sušite nekoliko sati.
c) Koristite jednu vrhovnu žlicu po posudi.

86. Čaj od crvene djeteline

SASTOJCI :
- ¼ šalice svježe crvene djeteline
- Cvjetovi, s nekoliko listova
- Limun
- Med
- Listovi svježe metvice
- Nekoliko listova maslačka

UPUTE:
a) Stavite cvjetove i listove u čajnik.
b) Napunite kipućom vodom, poklopite i kuhajte 10 minuta da se ulije.
c) Procijedite u šalicu, dodajte kolut limuna i zasladite medom.

87. Vino od ruže i lavande

SASTOJCI:
- 1 boca sivog pinota
- 5 latica ruže
- 2 stabljike lavande

UPUTE:
a) Začinsko bilje dodajte izravno u otvorenu bocu vina.
b) Čvrsto zatvoriti.
c) Ostavite 3 dana na hladnom ili u hladnjaku.
d) Procijedite latice ruže i lavandu.
e) Poslužite u čaši.
f) Ukrasite laticama ruže i lavandom.

DESERT

88.Borovnica Lavanda Brusnica Hrskav

SASTOJCI:
- 3 šalice borovnica
- 1 šalica brusnica
- ½ žličice svježih cvjetova lavande
- ¾ šalice šećera
- 1-½ šalice zdrobljenih zobenih pahuljica graham krekera
- ½ šalice smeđeg šećera
- ½ šalice otopljenog maslaca
- ½ šalice narezanih badema

UPUTE:
a) Zagrijte pećnicu na 350 stupnjeva F.
b) Pomiješajte borovnice, brusnice, cvjetove lavande i šećer.
c) Dobro izmiješajte i izlijte u tepsiju veličine 8 x 8 inča.
d) Pomiješajte mljevene krekere, smeđi šećer, otopljeni maslac i narezane bademe.
e) Izmrvite po vrhu nadjeva.
f) Pecite 20 do 25 minuta, dok nadjev ne postane mjehurić.
g) Ohladite najmanje 15 minuta prije posluživanja.

89.Džem od rabarbare, ruže i jagoda

SASTOJCI:
- 2 kilograma rabarbare
- 1 funta jagoda
- ½ funte jako mirisnih latica ruže
- 1½ funte šećera
- 4 sočna limuna, uključujući i sjemenke, ostavljena su sa strane

UPUTE:
a) Narežite rabarbaru i rasporedite je u zdjelu s cijelim oguljenim jagodama i šećerom. Prelijte limunovim sokom, poklopite i ostavite preko noći.
b) Izlijte sadržaj zdjele u nereaktivnu posudu. Dodajte sjemenke limuna vezane u vrećicu od muslina i lagano zakuhajte. Kuhajte 2 minute, zatim izlijte sadržaj posude natrag u zdjelu. Pokrijte i još jednom ostavite na hladnom mjestu preko noći.
c) Stavite smjesu rabarbare i jagoda natrag u tavu.
d) Uklonite bijele vrhove s korijena latica ruže i dodajte latice u tavu, gurajući ih dobro među voće.
e) Pustite da zavrije i brzo kuhajte dok ne postignete točku stvrdnjavanja, a zatim ulijte u tople sterilizirane staklenke.
f) Zatvoriti i obraditi.

90. Kolačići s narančom i nevenom

SASTOJCI:
- 6-8 svježih cvjetova nevena, opranih, uklonjenih latica i bačenih cvjetova
- ½ šalice omekšalog maslaca
- ½ šalice šećera
- ribana korica 2 naranče
- 2 žlice koncentrata soka od naranče, otopljenog
- 1 žličica vanilije
- 2 jaja, lagano tučena
- 2 šalice brašna
- 2 ½ žličice praška za pecivo
- ¼ žličice soli
- 1 šalica polovica badema

UPUTE:
a) Zagrijte pećnicu na 350 stupnjeva F.
b) Lagano namastite dva lima za kolačiće.
c) Izmiksajte maslac, šećer i koricu naranče dok ne postane pjenasto.
d) Dodajte koncentrat soka od naranče i vaniliju. Umiješajte jaja, miješajte dok se ne sjedine. Prosijte zajedno brašno, prašak za pecivo i sol.
e) Pomiješajte latice nevena i suhe sastojke u kremastu smjesu.
f) Spuštajte tijesto po pune žličice na lim za kekse.
g) Utisnite pola badema u svaki kolačić.
h) Pecite 12 do 15 minuta, dok ne porumene.

91. Parfe od jogurta s mikrozelenjem

SASTOJCI:
- ½ šalice običnog jogurta ili jogurta od vanilije
- ½ šalice kupina
- ¼ šalice granole
- 1 žličica domaćeg meda
- prstohvat mikrozelenja nevena

UPUTE:
a) U šalicu za parfe rasporedite jogurt i bobičasto voće.
b) Završite s kapljicom lokalnog meda, granolom, prstohvatom mikrozelenja nevena i jednom bobicom za kraj!

92.Minijaturne štruce cvijeta mrkve

SASTOJCI:
- 3 žlice soja umaka
- 1½ žličice đumbira, naribanog
- ¼ žličice soli
- 1 šalica kuhane riže
- 2½ šalice mrkve, nasjeckane
- 1 jaje
- 1 žlica octa, riža
- 2 režnja češnjaka, mljevena
- 1 funta puretine, mljevene
- ¾ šalice zelenog luka, nasjeckanog
- ½ šalice nasjeckanog vodenog kestena
- 2 žlice ulja

UPUTE:
a) Pomiješajte sve sastojke osim 2 c. od mrkve i ulja.
b) Oblikujte 12 mesnih okruglica od 2 inča. Pomiješajte preostalu mrkvu i ulje. Ćufte uvaljajte u mrkvu. Stavite u podmazane kalupe za muffine, pospite ostatkom mrkve i prekrijte folijom.
c) Pecite na 375 stupnjeva 25 minuta. Maknite foliju i pecite još 5 minuta dok vrhovi mrkve ne počnu smeđiti.
d) Pustite da odstoji 5 minuta prije posluživanja.

93. Kolačići od anisa i izopa

SASTOJCI:
- ½ šalice nasjeckanih cvjetova anisa i izopa
- 3 jaja
- 1 šalica šećera
- ½ žličice vanilije
- 2 šalice brašna
- 1 žličica praška za pecivo
- ½ žličice soli

UPUTE:
a) Tucite jaja dok ne postanu gusta i dobiju boju limuna.
b) Dodati šećer i cvjetne latice i miješati 5 minuta. Dodajte vaniliju.
c) U smjesu od jaja dodajte brašno, prašak za pecivo i sol. Nastavite tući još 5 minuta.
d) Ubacite tijesto po pune žličice na podmazane limove za pečenje, dobro razmaknute.
e) Pecite na 325F 12 do 15 minuta.

94.Pita od maćuhica od limuna

SASTOJCI:
- Tijesto za pecivo
- 2 jaja
- 3 žumanjka
- ¾ šalice šećera
- ½ šalice soka od limuna
- 1 žlica naribane korice limuna
- 1 šalica gustog vrhnja
- 1 paket želatine bez okusa
- ¼ šalice vode
- Kristalizirane maćuhice

UPUTE:
a) U loncu od 1 litre pjenjačom istucite zajedno jaja, žumanjke, šećer, limunov sok i koricu.
b) Kuhati na laganoj vatri uz stalno miješanje drvenom kuhačom dok se smjesa ne zgusne i obloži žlicu oko 10 minuta.
c) Procijedite i ostavite sa strane.
d) Kada se tijesto ohladi, zagrijte pećnicu na 400'F. Između 2 lista pobrašnjenog voštanog papira razvaljajte tijesto u krug od 11 inča. Uklonite gornji list papira i preokrenite tijesto u tanjur za pitu od 9 inča, pustite da višak prelazi preko ruba.
e) Uklonite preostali list voštanog papira. Preklopite višak tijesta tako da bude jednak s rubom tanjura.
f) Vilicom probušite dno i sve strane tijesta kako biste spriječili skupljanje. Tijesto obložite aluminijskom folijom i napunite nekuhanim suhim grahom ili utezima za pite.
g) Koru pecite 15 minuta, maknite foliju s grahom i pecite još 10 do 12 minuta ili dok korica ne porumeni. Koru potpuno ohladite na rešetki.
h) Kad se kora tijesta ohladi, istucite vrhnje dok ne dobijete meke vrhove i ostavite sa strane.
i) U šerpi pomiješajte želatinu i vodu i zagrijavajte na laganoj vatri, miješajući samo dok se želatina ne otopi.
j) U ohlađenu smjesu od limuna umiješajte smjesu želatine. Umiješajte šlag u smjesu limuna dok se ne sjedini. Kremu od limuna rasporedite u koru i ostavite u hladnjaku 2 sata ili dok se ne stegne.
k) Prije posluživanja po želji stavite maćuhice oko ruba i u sredinu pite.

95.Kolačići od kamilice

SASTOJCI:
- ¼ šalice cvjetova kamilice
- ½ šalice omekšalog maslaca
- 1 šalica šećera
- 2 jaja
- ½ žličice ekstrakta vanilije
- 1¾ šalice brašna

UPUTE:
a) Cvjetove kamilice pažljivo nasjeckajte i ostavite sa strane.
b) Pjenasto izradite maslac, jaja i vaniliju.
c) Umiješajte brašno i kamilicu.
d) Kapajte po pune žličice na lagano podmazan lim za kekse.
e) Pecite na 300' 10 minuta.

96.Sorbet od jagoda i kamilice

SASTOJCI:
- ¾ šalice vode
- ½ šalice meda
- 2 žlice pupoljaka čaja od kamilice
- 15 većih smrznutih jagoda
- ½ žličice mljevenog kardamona
- 2 žličice svježeg lišća metvice

UPUTE:
a) Zakuhajte vodu i dodajte med, kardamom i kamilicu.
b) Maknite s vatre nakon 5 minuta i ohladite dok se ne ohladi.
c) Smrznute jagode stavite u multipraktik i sitno nasjeckajte.
d) Dodajte ohlađeni sirup i miješajte dok ne postane vrlo glatko.
e) Žlicom vadite i spremite u posudu u zamrzivač. Poslužite s listićima mente.

97. Carnation Marshmallow Fudge

SASTOJCI:
- 2 žlice maslaca ili margarina
- ⅔ šalice nerazrijeđenog evaporiranog mlijeka
- 1½ šalice granuliranog šećera
- ¼ žličice soli
- 2 šalice minijaturnog marshmallowa
- 1½ šalice poluslatkih čokoladnih zalogaja
- 1 žličica ekstrakta vanilije
- ½ šalice sjeckanih oraha ili oraha

UPUTE:
a) Maslac četvrtasta posuda od 8 inča.
b) U tavi pomiješajte maslac, evaporirano mlijeko, šećer i sol.
c) Zakuhajte uz stalno miješanje.
d) Kuhajte 4 do 5 minuta uz stalno miješanje i maknite s vatre.
e) Umiješajte marshmallows, zalogaje, vaniliju i orahe.
f) Snažno miješajte 1 minutu ili dok se marshmallows potpuno ne otopi.
g) Izliti u tepsiju. Ohladite i izrežite na kvadrate. Savjet Za gušći kolač upotrijebite kalup za kruh veličine 7x5 inča.

98. Ljubičasti sladoled

SASTOJCI:
- 1 šalica gustog vrhnja
- 2 šalice finih, svježih krušnih mrvica od punog zrna pšenice
- ¼ šalice kristaliziranog sirovog šećera
- Kristalizirane ljubičice

UPUTE:
a) Umutiti čvrsti šlag. Umiješajte krušne mrvice i šećer.
b) Ohladite u zamrzivaču dok se ne stegne, ali ne i tvrdo.
c) Prije posluživanja umiješajte nekoliko kristaliziranih ljubičica i ukrasite svaku porciju s još toga.

99.Sufle od ljubičice

SASTOJCI:
- 9 unci granuliranog šećera
- 8 žumanjaka
- 8 kapi esencije ljubičice
- 12 ušećerenih ljubičica, zdrobljenih ili nasjeckanih
- 12 bjelanjaka
- 1 prstohvat soli
- Maslac
- Granulirani šećer
- Šećer u prahu

UPUTE:
a) Tucite šećer i žumanjke dok ne postanu blijedi i gusti.
b) Dodati esenciju ljubičice i ušećerene ljubičice.
c) Bjelanjke sa soli umutiti u čvrsti snijeg. Presavijte zajedno.
d) Posudu za souffle iznutra premažite maslacem i posipajte toliko šećera koliko se zalijepi za maslac.
e) Ulijte souffle smjesu. Pecite 15 minuta na 400.
f) Pospite po vrhu slastičarskim šećerom i vratite u pećnicu na još 5 minuta.
g) Poslužite vruće.

100. Jagoda, mango i ruža Pavlova

SASTOJCI:
- 6 bjelanjaka
- ⅛ žličice kreme od zubnog kamenca
- prstohvat soli
- 1 ½ šalica šećera
- 1 žličica soka od limuna
- ¼ žličice ružine vodice ili ½ žličice vanilije
- 2 ½ žličice kukuruznog škroba
- 4 šalice narezanog manga i jagoda
- 2 žlice šećera
- 1 ½ šalice vrhnja za šlag
- ½ šalice mascarpone sira
- Jestive latice ružičaste ruže

UPUTE:
a) Zagrijte pećnicu na 250°F.
b) Obložite pleh papirom za pečenje.
c) Nacrtajte krug od 9 inča na papiru. Preokrenite papir tako da krug bude na poleđini.

ZA BEGE
d) U zdjeli samostojećeg miksera opremljenog nastavkom za mućenje tucite bjelanjke, tartar i sol dok ne dobijete mekane vrhove.
e) Dodajte 1 ½ šalice šećera, 1 žlicu po 1 žlicu, tukući velikom brzinom dok se ne formiraju čvrsti vrhovi i meringue više ne bude zrnast, stružući zdjelu prema potrebi. Umutite limunov sok i ružinu vodicu. Pomoću gumene lopatice nježno umiješajte kukuruzni škrob.
f) Raširite meringue preko kruga na pergamentu, lagano nadograđujući rubove kako biste oblikovali ljusku.
g) Pecite 1 i pol sat.
h) Isključite pećnicu i ostavite da se suši u pećnici sa zatvorenim vratima 1 sat.
i) Potpuno ohladite na limu na rešetki.

MJEŠAVINA ZA KREM
j) U zdjelu pomiješajte mango i bobičasto voće s 2 žlice šećera. Neka odstoji 20 minuta.
k) U međuvremenu, u zdjeli za miješanje električnom miješalicom tucite vrhnje i mascarpone dok se ne formiraju mekani vrhovi.
l) Koru meringue stavite na tanjur.
m) Smjesu kreme rasporedite u beze koru. Žlicom nalijte voćnu smjesu na vrh.
n) Poslužite odmah.

ZAKLJUČAK

U zaključku našeg kulinarskog istraživanja pupoljaka i cvjetova, "Kuharica o pupoljcima i cvjetovima" ostavlja vam ne samo zbirku recepata, već i novostvorenu zahvalnost za jestiva čuda koja priroda pruža. Neka vas ove stranice potaknu da prihvatite ljepotu cvjetnih okusa, pretvarajući svaki obrok u gozbu za osjetila.

Dok se upuštate u vlastite kulinarske avanture s jestivim cvijećem, neka vam recepti u ovoj kuharici budu vodič koji će vas potaknuti da svoja jela prožmete očaravajućom esencijom cvjetova. Neka nježne latice i jarke boje podignu vaše obroke, stvarajući doživljaj objedovanja koji je i ukusan i vizualno zadivljujući. Živjeli u svijetu u kojem je svaki zalogaj proslava ljepote prirode i umjetnosti jestivog cvijeća!

www.ingramcontent.com/pod-product-compliance
Lightning Source LLC
Chambersburg PA
CBHW050148130526
44591CB00033B/1130